L 27
Ln 18413

L

SAINT
FRANÇOIS DE SALES

PEINT

PAR LES DAMES DE LA VISITATION.

Propriété des Éditeurs.

IMPR. DE PÉLAGAUD ET LESNE.

SAINT FRANÇOIS DE SALES

PEINT

PAR LES DAMES DE LA VISITATION,

SES CONTEMPORAINES;

SUIVI DE

L'ANNÉE DE SAINT FRANÇOIS DE SALES,

OU

UN FAIT DE LA VIE DE CE SAINT ÉVÊQUE,

OFFERT AU LECTEUR POUR CHAQUE JOUR DU MOIS,

PAR LES DAMES DE LA VISITATION.

Par M. Delorme,

PRINCIPAL DU COLLÉGE DE SAINT-CHAMOND,
MEMBRE DE LA SOCIÉTÉ LITTÉRAIRE DE LYON.

> La naïveté du style fait toujours grand plaisir ; mais quand elle s'unit, pour ainsi dire, à la naïveté des bienfaits, elle devient aussi admirable qu'attendrissante.
> CHATEAUBRIANT, Génie du Christ.

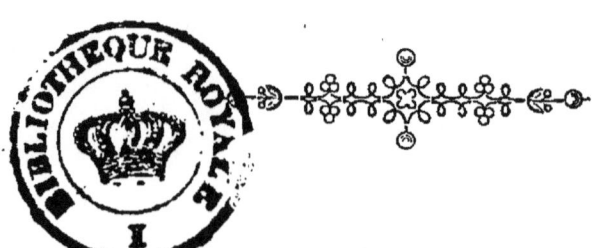

A LYON,

CHEZ PÉLAGAUD ET LESNE,

IMPRIMEURS - LIBRAIRES DE N. S. P. LE PAPE.

Ancienne maison RUSAND.

1840.

PRÉFACE.

La religion est charité. Le parfait modèle de cette vertu est Jésus-Christ. Etudier, méditer et imiter sa vie, voilà tout le chrétien, par conséquent tout l'homme. Mais ce divin modèle s'est reflété sur quelques âmes privilégiées, qui retracent à des hauteurs plus ou moins grandes l'éclat de son admirable perfection. Ainsi la chaleur et la lumière du soleil sont rendues plus vives et plus fécondes aux heureuses vallées qu'abrite le flanc des montagnes.

Or, de tous les modèles de l'aimable vertu de charité, il n'en est point de plus parfait, ni qui soit plus à notre portée que S. François de Sales. Il a résumé tous les préceptes de l'Evangile, en ces mots : *Apprenez de moi que je suis doux et humble de cœur;* et il les a parfaitement exprimés dans sa conduite.

Plusieurs auteurs nous ont raconté sa sainte vie. Ils n'ont oublié ni la grandeur de sa naissance, ni la sainteté de ses actions, ni les merveilles qui ont environné son tombeau, ni les honneurs de sa canonisation. Mais je ne sais pourquoi, après avoir lu toutes ces Vies, travaillées avec soin, on est plus occupé de l'auteur que du héros. On regrette, en admirant le missionnaire et l'évêque, de ne pas vivre un peu dans l'intimité du simple particulier. On se demande si François était dans sa vie privée aussi aimable, aussi parfait que dans sa vie publique. *L'Esprit de S. François de Sales* est le seul ouvrage qui ait fidèlement conservé la physionomie du caractère de ce bienheureux. L'évêque de Belley avait vécu dans l'intimité de son commerce ; il a livré à notre admiration une foule de traits de bonté, de simplicité, de douceur, qu'on ne peut se lasser de lire et de raconter ; mais, qui ne désirerait encore d'en voir augmenter le nombre ? qui ne trouverait utile un livre qui viendrait révéler de nouveaux actes de la charité et de l'humilité de François ? Monseigneur de Belley n'a pas tout vu, tout entendu, tout appris. Mme de Chantal elle-même n'a pas pu tout répéter dans l'admirable déposition de la canonisation. Les vertueuses dames qui suivaient le saint Evêque, comme autrefois les Marie suivaient le Sauveur, ont bien aussi entendu sortir de sa bouche des paroles édifiantes ; elles ont appris de ses serviteurs bien des traits touchants. Les religieuses des monastères qu'il avait fondés lui-même, et qu'il visitait si souvent, n'ont-elles pas conservé tous les détails de sa conduite au milieu d'elles, comme autant de reliques déposées au trésor de la communauté, et léguées à leur vénération ?

Eh bien ! c'est une partie de ce trésor qui est tombé entre nos mains. La révolution a disséminé les manuscrits des ordres religieux pour l'édification du monde. Nous nous sommes fait un devoir de faire très peu de changements à celui que nous livrons à l'impression. Nous avons mieux aimé manquer quelquefois de noblesse et d'harmonie que d'ôter au récit de ces bonnes Sœurs le ton de vérité et de naïveté qui le distingue. Je me fais peut-être illusion, mais je n'ai jamais travaillé à cet Ouvrage sans me sentir meilleur, sans aimer la sainteté, et c'est déjà quelque chose que de l'aimer ; souvent non-seulement elle rebute par ses difficultés, mais elle déplaît parce qu'on se la représente désagréable et chagrine. Lorsque j'étais de mauvaise humeur contre les hommes et les choses, j'ouvrais mon précieux manuscrit, et je sentais couler dans mon âme le calme du Saint, et son amour inspiré non par la philanthropie, mais par la charité.

Tout mon mérite, dans la composition de cet Ouvrage, est d'y avoir mis un peu d'ordre, d'avoir enchaîné des faits qui, isolés, produisent moins d'impression, et offrent une lecture moins attachante; en un mot, d'avoir fait un tout de ce qui n'était que des fragments détachés et incomplets. Je dois, en terminant, des remerciments au vénérable Aumônier des Dames de la Visitation de Lyon, qui a mis à ma disposition et ses conseils et les livres qu'il possède; j'en dois surtout à un des vicaires-généraux de ce diocèse, dont la précieuse amitié m'a soutenu dans tous les ennuis, m'a offert un port loin de mes ennemis et m'a rendu assez de courage pour que je pusse me consoler, par des travaux utiles, des maux que la calomnie et l'ingratitude m'avaient causés.

AVIS AU LECTEUR

SUR CETTE PREMIÈRE PARTIE.

On lit en titre du manuscrit que nous livrons au public :

« Recueil que notre Sœur Rosalie Greffier a fait par obéissance à Mgr. l'illustre Prélat Michel-Gabriel de Roussillon de Bernex, Evêque et Prince de Genève, touchant quelques particularités sur la vie de notre saint fondateur, que les auteurs n'ont pas spécifiées dans les vies qu'ils ont écrites.

« Cette très honorée Sœur les a apprises du récit qu'en faisaient les anciennes religieuses reçues dans ce monastère par saint François lui-même ; lesdites religieuses vivaient encore en 1649. »

Le récit commence ensuite. La mère Greffier parle à ses lecteurs à la première personne : nous conserverons fidèlement son style, excepté quand la régularité grammaticale de la phrase nous obligera à quelques corrections.

PREMIÈRE PARTIE.

Nos très honorées Sœurs qui avaient reçu de notre saint fondateur l'habit religieux et la direction, avaient en même temps conçu pour lui la plus haute estime. Le sujet ordinaire de leurs entretiens était ses saintes actions, ses discours édifiants, et les miracles journaliers par lesquels il plut à Dieu de manifester la sainteté de son serviteur; c'est de la bouche de ces anciennes que j'ai ouï les détails suivants :

La nourrice de notre Saint reconnut bientôt en lui des signes évidents de ce qu'il serait un jour. Elle racontait avec suavité que, dès que son cher nourrisson commença à avoir un peu de raison, il montra son contentement d'assister aux offices divins; il n'y parût jamais ni ennuyé ni chagrin; souvent de lui-même il tenait les mains jointes, le corps incliné, les yeux fixés sur l'autel ou sur le prêtre qui officiait; l'on eût dit à voir ce petit prédestiné, qu'il comprenait déjà quelque chose à la sainteté de nos cérémonies ; toutes ses petites manières servaient à exciter dans l'âme de sa nourrice les sentiments d'une tendre dévotion ; elle remerciait Dieu de l'avoir choisie pour être la nourrice d'un Saint. Dès qu'elle lui laissa la liberté de ses mains et de ses pieds, il s'en servit pour se diriger du côté de l'église; il hâtait ses pas, tendait ses bras comme pour y arriver plus vite ; au retour de l'église, son plaisir était de répéter le chant et de représenter les cérémonies. *La grâce qu'il mettait dans ses petits exercices, jointe à son angélique beauté, me faisait éprouver*, disait-elle, *un charme inexprimable*. C'est encore de cette bonne femme que l'on a su, comme le marquent les auteurs de la vie de saint François, que les premières paroles qu'il avait articulées et prononcées de son propre mouvement, étaient : *Mon Dieu et ma mère m'aiment bien.*

Une autre inclination que remarqua en lui sa mère nourrice, fut son amour et sa compassion pour les pauvres. Dès qu'il s'en présentait un à sa vue, surtout si c'était un petit enfant, il s'empressait de lui donner les bonbons qu'il avait à la main, et s'il n'en avait point, il se tournait vers sa nourrice pour qu'elle y suppléât, et elle n'y manquait pas. Mais un jour il lui arriva de n'avoir rien à donner ; le saint enfant se mit à pleurer ; pour l'apaiser, la nourrice s'avisa d'offrir son sein au petit pauvre; François en témoigna son contentement, et de ses petites mains il soutenait la tête de l'enfant étranger qu'on avait mis à sa place. Depuis ce jour, la nourrice eut soin, avant de le porter hors de la maison, de remplir ses poches de friandises, afin d'avoir toujours de quoi contenter son petit aumônier. Ce fut un gros chagrin pour elle de rendre son nourrisson à ses parents ; mais comme elle était du pays, elle ne le perdit pas de vue, et les jours de fête elle ne manquait pas d'aller voir cet enfant chéri.

Mme de Sionnaz, mère de notre Bienheureux, femme d'une vertu extraordinaire, mit un soin particulier à cultiver les belles dispositions de son fils. Celui-ci était très assidu à toutes ses leçons, et ce qu'il apprenait avec le plus de plaisir, était la prière et le catéchisme. Bientôt il s'empressa d'instruire à son tour les petits enfants de la paroisse. Aussi, de toutes les bagatelles qu'on lui donna pour se divertir, aucune ne lui fit plus de plaisir qu'une cloche dont il se servait pour appeler les enfants du voisinage. Quand ils étaient réunis, il les instruisait, imitait les cérémonies religieuses, faisait avec eux des processions, disait les prières et les oraisons que Mme sa mère lui avait apprises, puis il répétait à ses petits camarades les leçons de catéchisme qu'il avait récitées la veille.

Notre Saint racontait souvent avec humilité deux fautes qu'il avait commises dans son enfance, et qu'il appelait l'une un larcin, l'autre un péché de gourmandise. Un jour qu'il passait devant la cuisine où il lui était défendu d'entrer, il vit le cuisinier qui tirait des petits pâtés du four; la bonne odeur le tenta; il entra, et demanda un pâté. Le cuisinier, par malice, le lui mit sur la main; ce qui lui fit une assez forte brûlure; mais la gourmandise l'emporta, il ne laissa point tomber le petit pâté, et le mangea avant d'aller trouver Mme sa mère pour se faire panser : il cacha même avec soin la cause de sa brûlure pour s'éviter à lui et au cuisinier les réprimandes qu'ils méritaient. La seconde faute était plus grave, et attira au saint enfant un châtiment sévère. Un charpentier qui travaillait dans une des chambres du château, posa sur son établi son pourpoint auquel il avait attaché en guise d'ornement une aiguillette en soie de diverses couleurs. Cet objet donna dans les yeux de l'enfant, il l'emporta furtivement; le charpentier fit de vaines perquisitions parmi les domestiques; l'affaire vint aux oreilles de M. de Sales, qui interrogea l'enfant et en obtint l'aveu du larcin. Alors il lui fit sentir la grandeur de sa faute; puis, bien que l'enfant fût à genoux et criât merci avec des larmes qui en faisaient répandre aux assistants, le père inexorable le fouetta rudement en présence de toute l'assemblée; ensuite il lui fit entendre qu'il l'avait traité avec douceur pour cette première fois, parce qu'il avait eu la franchise d'avouer son larcin, mais que si jamais il lui arrivait de commettre quelque chose de semblable, il le ferait périr sous les verges.

C'est ainsi que les parents de François ne souffraient en lui rien de ce qui pouvait le porter au mal, et lui imprimaient l'horreur de tout ce qui offense Dieu.

Il avait sept ans lorsque ses parents résolurent d'envoyer ses deux cadets à la Roche, pour y commencer leurs études. Pour lui, il devait rester encore dans sa famille, parce qu'on le destinait à la cour, et que ce n'était pas l'usage de la noblesse de tenir dans les colléges les enfants qu'elle voulait occuper au service du prince. Il ne se peut dire combien ce cher enfant fut affligé de cette résolution; il n'osa s'en expliquer ni à son père ni à sa mère, dans la crainte de leur déplaire : il confia sa peine à sa nourrice, qui fit de son mieux pour le consoler; elle lui peignit tout ce que les écoliers avaient à souffrir dans les classes, disant qu'ils étaient maltraités s'ils ne savaient pas bien leurs leçons; enfin, qu'ils étaient en butte à leurs maîtres ou à leurs camarades.

Toutes ces raisons furent inutiles : le saint enfant demeura ferme dans le désir d'être envoyé au collége avec ses frères. Alors sa nourrice lui dit de ne plus s'affliger, qu'elle en ferait la demande à son père et à sa mère, et que s'ils s'y refusaient, elle l'y conduirait elle-même et fournirait à son entretien. — *Mais*, ajouta-t-elle, *quelle récompense me donnerez-vous? — Je n'ai rien*, répondit l'enfant, *parce que je suis petit, mais quand je serai grand et que je serai mon maître, je vous ferai faire tous les ans une brassière de ratine rouge.*

On a ouï raconter ce trait à cette bonne femme, qui se faisait un délicieux plaisir de dire tout ce qu'elle savait de l'enfance de notre Saint. Elle obtint par ses instances que François partît pour le collége avec ses frères et quelques-uns de ses cousins. Il ne se ralentit jamais dans son amour pour l'étude; il ne quittait pas ses livres avant de savoir ses leçons, quelque difficiles qu'elles fussent. Souvent ses condisciples qui n'avaient pas les mêmes dispositions que lui, subissaient des corrections et des châtiments. Il en avait une grande pitié, les exhortait à s'appliquer, les aidait à apprendre et à bien comprendre ce qui leur était enseigné; aussi ses condisciples l'estimaient et le choisissaient pour arbitre des petits différends qui naissaient entre eux.

Lorsque François eut fini ses études, son père qui voulait l'établir dans le monde, l'appela dans son cabinet pour lui apprendre qu'il lui avait trouvé une femme, et il lui dit cela d'un ton d'autorité et dans des termes si absolus, que notre Saint n'osa lui répliquer. Bientôt on se mit en route pour aller à Foncilli, chez les parents de la demoiselle destinée à François ; M. de Sales et son fils furent reçus avec de grands empressements ; les deux pères voulurent, dès cette visite, fixer une alliance pour laquelle tout était disposé, excepté le cœur du jeune François, dont la réserve et la modestie renversèrent tout le projet. Son père eut toutes les peines du monde à dissimuler son mécontentement ; mais à peine fut-il seul avec son fils, qu'il éclata en reproches ; François l'écouta avec respect, répondant en termes pleins de reconnaissance et de modestes excuses. Les reproches du père durèrent tout le voyage, et pendant ce temps notre Saint eut toujours la tête découverte par respect. A son retour, il alla trouver le chanoine Louis de Sales, avec qui il était lié par les liens de l'estime et de l'amitié, autant que par ceux de la nature ; il lui fit un ample récit de tout ce qui venait d'arriver, et lui communiqua sa ferme résolution d'embrasser l'état ecclésiastique. Ce vertueux chanoine se chargea de faire sa paix avec son père, et de lui faire agréer qu'il suivît une vocation qui paraissait être l'ouvrage du ciel. Le résultat des démarches que fit le chanoine, se lit dans toutes les vies de saint François de Sales.

Nous les omettons pour nous attacher à quelques particularités moins importantes, mais toujours d'un grand intérêt, quand il s'agit d'un Saint dont la mémoire est si précieuse.

Lorsque pour être reçu clerc, il fallut couper ses cheveux qu'il avait blonds et fort beaux, il sentit une forte répugnance, et ne devint maître de lui que lorsqu'ils furent entièrement tombés sous les ciseaux. Alors il reconnut qu'il s'était trop attaché à ce vain ornement, et qu'une âme que les plus grands obstacles ne peuvent arrêter dans sa course, l'est quelquefois par la plus légère bagatelle.

Lorsqu'il fut évêque, l'innocence de sa vie avait un charme secret qui attirait à lui les petits enfants. Ma mère qui a eu le bonheur d'être du nombre de ceux qui couraient sur son passage, me racontait que, quand il sortait de son palais, les petits enfants du quartier se mettaient à genoux, en haie; il les caressait tous, mettant la main sur la tête de l'un, puis sur la joue de l'autre, donnant sa bénédiction à un troisième, etc. Les premiers qui avaient reçu ses caresses, couraient se ranger un peu plus loin pour les recevoir une seconde fois, et à mesure que le Saint avançait, la petite troupe grossissait, ce qui impatientait ceux de sa suite; mais il défendait qu'on les écartât : *Laissez-les venir*, disait-il d'un air affable, *c'est mon petit peuple*. Il recevait avec le même accueil les petits enfants que les nourrices lui présentaient, et qui faisaient connaître en leurs manières le plaisir qu'ils avaient d'approcher de lui ; il leur montrait sa croix d'or et la leur faisait baiser ; souvent sa bénédiction les délivrait des maux ordinaires à cet âge, et c'était l'opinion commune, que le Saint opérait en leur faveur des guérisons miraculeuses.

La sainteté de François, visible à tous les yeux, ne le garantit pas de la persécution des méchants. On sait qu'entre ceux-ci il y avait un avocat qui, pendant toute sa vie, ne cessa de chercher les moyens de nuire à notre Saint, sans avoir d'autres motifs de haine que le zèle avec lequel François poursuivait les vices dans ses discours. Ce malheureux personnage avait de l'esprit et du savoir ; mais il était profondément vicieux ; il ne pouvait souffrir la sainte morale de François, parce qu'elle lui semblait la censure de ses vices ; c'est à cet avocat que le Saint adressa les paroles citées dans sa vie : *Si vous m'aviez arraché un œil, je vous regarderais encore de l'autre avec affection.* Ayant appris que son ennemi était en prison pour bons et légitimes motifs, il alla le visiter, se jeta à ses genoux, et le supplia de mettre fin à ses sentiments d'inimitié, ajoutant enfin qu'il emploierait tout son crédit pour le tirer de prison. Il tint parole : par ses démarches l'avocat fut mis en liberté ; mais ce bienfait ne changea pas la mauvaise volonté de cet homme. Il en vint jusqu'à attenter aux jours du Saint, jusqu'à tirer un coup de pistolet sur lui pendant qu'il portait le très saint Sacrement à la procession de la Fête-Dieu. Ensuite il travailla à perdre de réputation celui qu'il n'avait pu priver de la vie. Il fit placarder sur la porte de clôture du premier monastère de la Visitation d'Annecy, un écriteau ainsi conçu : *Sérail de l'Evêque de Genève.* François ayant vu cet écriteau, en sortant le matin pour aller dire la messe, le fit enlever par ses gens, et le brûla sans vouloir faire ni permettre que l'on fît aucune information sur une action si noire. La Mère de Chantal fut des plus zélées à le solliciter de laisser agir ceux qui voulaient prendre ses intérêts. A toutes ses instances, il répondit : *Nous nous vengerons vous et moi, mais voici comment : cet homme a trois filles, nous en recevrons une gratis dans ce monastère. Voilà tout le mal que nous lui ferons.* Par ces paroles, la mère de Chantal eut la bouche fermée. Après que cet ennemi de notre Saint eut fini misérablement ses jours, la digne mère de Chantal remplit fidèlement l'intention de notre saint fondateur ; elle reçut gratis une des filles orphelines de ce malheureux, et ne voulut pas même que le chapitre examinât si elle avait les qualités nécessaires pour entrer en communauté, disant que dans cette occasion la charité du saint fondateur qui lui avait indiqué une place, devait prévaloir sur toute autre considération.

Notre saint fondateur instruisait la Supérieure et la Directrice à remplir les devoirs de leurs charges, et venait trois fois dans la semaine dire la messe de communauté; puis il voyait celles des sœurs qui avaient à lui parler; de quinze en quinze jours, il les confessait toutes. Nos anciennes nous ont dit encore, que dans les commencements, notre digne mère était extrêmement zélée, de sorte que quand elles avaient commis certaines fautes, elles appréhendaient fort de les lui avouer, elles aimaient mieux les avouer à notre saint fondateur; celui-ci ne manquait jamais de leur demander si la Mère en était instruite, et de les lui envoyer pour en faire l'aveu; mais alors elles le faisaient sans peine, y allant de sa part. La digne Mère, de son côté, les recevait avec douceur, sachant que notre saint fondateur les avait instruites là-dessus. Il prenait un soin particulier d'adoucir avec prudence le zèle et la sévérité de cette digne Mère; il estimait néanmoins grandement les motifs dont sa conduite était animée, encore qu'elle les suivît avec un peu trop de chaleur.

Un jour qu'ils visitaient ensemble les constructions de l'église et du monastère de ***, ils surprirent un frère lai occupé à arracher le batardeau, afin d'inonder les fondations. Le Saint lui dit avec douceur de cesser, mais le frère continua comme s'il n'eût pas entendu la défense. Alors la Mère de Chantal prenant un ton sévère, lui reprocha sa conduite, sa désobéissance, en disant : *Vous n'avez désormais qu'à vous présenter à la porte du couvent pour avoir l'aumône, vous verrez comme on vous la fera...* Sur quoi le Saint prit la parole et dit avec sa douceur ordinaire : — *Oui, mon frère, venez toutes les fois que vous voudrez demander la charité, et on vous la fera sans jamais y manquer...* Se tournant du côté de la Mère de Chantal... *Oui, ma Mère*, lui dit-il, *on la lui fera de bon cœur.* Puis ils continuèrent leur route. La digne Mère lui fit des plaintes de sa trop grande bonté; c'était la cause, disait-elle, des fautes que l'on commettait à son égard; s'il voulait user de son autorité, l'on respecterait son caractère, et toutes choses en iraient mieux. *Ah! ma mère,* lui répondit-il, *voudriez-vous que je perdisse en un quart-d'heure le fruit de vingt-quatre ans de travail?* et comme elle lui répliquait que sa douceur semblait aller à l'excès : *En suivant l'exemple de Notre-Seigneur*, dit le Saint, *il n'y a rien à craindre.*

Un jour, qu'on traitait au parloir du temporel d'une fille qu'on devait recevoir à la profession, la Mère de Chantal tenait ferme pour que la dot fût entière; le Saint ne disait mot ni pour ni contre; mais rentré chez lui, il écrivit un billet à notre digne mère, pour lui marquer que sa fermeté lui avait déplu; il finissait par ces mots : *Ma mère, vous êtes plus juste que bonne; il faut être en ces rencontres plus bonne que juste.*

Notre institut était dans les commencements réduit à une grande pauvreté. Le Saint n'en témoigna jamais aucune peine ni aucun souci ; il ne laissa pas d'entreprendre tout ce qu'il fallait pour les acquisitions et les bâtiments du monastère, comme si l'argent eût été prêt ; il disait à cette occasion que notre institut avait commencé comme le monde, c'est-à-dire de rien.

Dans ce temps, la Mère Marie-Marguerite Michel, fille unique, héritière de beaucoup de biens, par la mort de M. ***, son père, vint de Bourgogne, dont elle était native ; quand elle eut fini son année de probation, notre saint fondateur l'examina pour la profession, et étant satisfait de son progrès et de sa résolution, il lui demanda quelle disposition elle voulait faire de ses biens temporels : elle répondit sans hésiter, qu'elle les voulait donner au monastère. *Non pas*, dit le Saint, *nous ne faisons pas notre congrégation pour incommoder les familles; il suffira d'une dot que vous pourrez vous constituer meilleure que les ordinaires, puisque vous en avez les moyens; mais du reste, qu'en voulez-vous faire ?* Elle répondit qu'elle le donnerait à son frère; *mais pourquoi pas à votre mère ?* lui dit-il. La novice lui expliqua ses sujets de mécontentement ; le Saint lui dit que rien de tout cela ne la pouvait dispenser d'observer le commandement de Dieu qui oblige les enfants à honorer leur père et leur mère ; que c'était contre l'honneur qu'elle devait à la sienne, de lui préférer son frère ; que par ce moyen elle lui donnait occasion de lui manquer lui-même d'honneur et de respect ; que si elle ne voulait pas faire sa mère héritière, ou au moins usufruitière, sa vie durant, elle n'avait qu'à s'en aller, parce qu'il voulait qu'on ne reçût dans son institut que les personnes qui aspiraient véritablement à la perfection chrétienne : ce qui ne se pouvait, hors de l'observance exacte des commandements. La novice se soumit entièrement à tout ce qu'il jugea à propos, et la somme qu'elle donna à ce monastère fut employée à l'achat des moulins que nous avons dans cette ville. Dieu avait doué cette novice d'un bel esprit qu'elle eut la grâce de tourner au vrai bien ; elle avait l'âme généreuse, et en peu de temps elle fit de grands progrès dans la vie spirituelle, sous la conduite de nos saints fondateurs ; ils l'ont toujours chérie et estimée, et la firent maîtresse des novices, le jour même qu'elle fit profession. François lui trouva l'esprit si propre à la conduite des âmes, qu'il dit qu'il serait dommage de différer à l'employer. Il prit soin lui-même de la former à cet emploi. La petite vérole, jointe à quelque autre accident, l'avait rendue mal faite de sa personne, et fort laide de visage ; ce qui faisait dire à notre saint fondateur, que c'était une belle âme dans un corps bien laid, un riche diamant bien mal enchâssé. Craignant que son excessive laideur n'inspirât quelque dégoût aux filles qui se présentaient pour être religieuses, il prenait toujours soin de les prévenir là-dessus, leur donnant à connaître l'estime singulière qu'il faisait de ses rares vertus et de ses talents ; elle a été en effet une des plus dignes et des plus utiles Supérieures de l'ordre.

Une fois il se présenta deux filles pour être religieuses, mais avec une condition qu'elles voulaient coucher sur leur contrat : l'une qu'elle porterait toujours des pendants d'oreilles, et l'autre une bague de verre noir au doigt ; notre Mère de Chantal et la Communauté, ne voulaient absolument rien entendre ; mais notre saint fondateur ne voyant point d'autre empêchement, et leur trouvant d'ailleurs une bonne vocation, dit qu'il fallait supporter le prochain jusque dans ses niaiseries. Ainsi il donna place aux deux prétendantes, et en leur donnant l'habit de religieuse, il leur permit de porter, l'une ses pendants d'oreilles, l'autre sa bague de verre, sans que cet article fût couché sur le contrat ; et il leur laissa ce privilége jusqu'à ce que, réfléchissant d'elles-mêmes sur ce vain amusement, non-seulement elles s'en confondirent devant Dieu, mais s'en firent encore un sujet de s'humilier devant la Communauté quelques semaines après.

On reçut à la prise d'habit une personne parente et filleule de notre saint fondateur. Pour le jour de la cérémonie, il lui fit présent d'un habit de toile d'argent, à fleurs incarnates ; c'est de cette étoffe que l'on a fait la chappe que nous disons être de lui, parce qu'il en a donné la matière et qu'il a porté ladite chappe à toutes les cérémonies qu'il fit depuis dans notre église. Cette jeune personne était considérée de la Mère de Chantal, comme un sujet propre à lui succéder ; pour cela, elle prenait un soin tout particulier de la fonder dans la vertu, la tenant de très près et ne lui pardonnant rien. Peu de temps après, cette religieuse fit une chute terrible et capable de la tuer ; mais comme c'était une petite curiosité qui avait occasionné cet accident, on ne savait comment en informer la Mère de Chantal ; enfin on lui dit qu'elle était tombée en tel endroit, et qu'il était nécessaire que le chirurgien entrât pour la voir. Le mal qui fut jugé le plus considérable, fut un ébranlement du cerveau qui porta préjudice à son esprit ; dès lors, on commença à s'apercevoir d'un changement de conduite, surtout à l'égard de la Mère de Chantal qui, dans sa peine, en écrivit quelques traits bien détaillés à notre saint fondateur. Il lui fit réponse qu'il ne s'étonnait pas de tout cela, et que la fille en ferait bien d'autres à l'avenir, mais que pourtant elle serait sauvée. On a lieu de croire que le Saint avançait cela par un esprit prophétique, d'après une lumière que Dieu lui donna. Dans le moment qu'elle s'était présentée à lui pour recevoir sa bénédiction, avant de prendre le voile, on avait remarqué qu'il avait paru comme en extase, et que revenant à lui, il lui avait dit que sa bénédiction serait le salut éternel, après une vie d'humiliation et de souffrances; qu'elle ne perdît pas courage, et qu'à sa mort il répondrait à Dieu pour elle.

Il prédit à feu notre bien vertueuse Sœur Françoise-Gasparde de la Grâve, qu'elle serait religieuse, un jour que n'étant encore âgée que de treize ans, elle avait accompagné sa sœur aînée. Celle-ci était allée parler à notre Saint du dessein qu'elle avait de prendre le parti du cloître; le Saint l'écouta tranquillement, et après se tint un peu en silence et comme pensif; puis, reprenant la parole : *Non, Mademoiselle,* lui dit-il, *vous ne serez pas religieuse*, et en même temps prenant sa sœur cadette par la tête il la baisa au front et dit : *C'est ma petite Gasparde qui le sera et qui sera ma fille.* La jeune demoiselle qui n'en avait jamais eu la moindre idée, crut qu'il se trompait; mais lorsqu'elle fut en âge, elle se trouva si pressée de son appel à la sainte religion, que pour lors elle vérifia la prédiction que le saint prélat lui avait faite.

Un jour qu'étant novice, elle lui rendait compte de son intérieur, il l'encourageait grandement à la pratique des vertus solides ; elle lui dit en le quittant : *Monseigneur, je m'en vais dans la volonté d'être bien fidèle et bien exacte à vos saintes constitutions. — Ne dites pas ainsi, ma chère fille*, lui répondit-il ; *ce ne sont pas mes constitutions, je vous assure qu'il n'y a rien de moi, et qu'elles sont toutes de l'inspiration du divin esprit.* Une autre fois que la même novice lui rendait encore compte de son âme, il l'interrompit par une disgression qui n'avait aucun rapport à ce qu'elle lui disait : ainsi le pensait-elle en elle même ; mais comme si le Saint eût vu sa pensée, il lui dit : *Pardonnez-moi, ma fille, ce que je vous dis à présent vous sera utile ; un jour vous serez Supérieure.—J'espère, Monseigneur,* répondit-elle, *que je ne le serai jamais.—Vous le serez*, dit le Saint, *et alors vous vous souviendrez pour votre bien de ce que je vous dis à présent.*

Plusieurs années après, le Saint étant mort, elle fut élue Supérieure dans un monastère de France fort éloigné, où elle eut à soutenir de fortes contradictions et de rudes épreuves qui la firent beaucoup souffrir. Mais dans tous les événements, elle se montra toujours la digne fille d'un père de qui elle avait appris comme il fallait pratiquer l'humilité, la douceur et la patience ; de sorte qu'à son retour on ne lui entendit jamais dire un seul mot de toutes les traverses qu'elle avait endurées, ayant laissé totalement entre les mains de Dieu ses intérêts les plus chers.

Notre saint avait une tendresse de cœur pour les personnes défectueuses de corps, simples et grossières d'esprit, ou disgraciées de la nature de quelque façon que ce fût; lorsqu'il en rencontrait de cette espèce, il ne manquait jamais d'avoir quelques paroles de bonté à leur dire. On lui demanda une fois pour quelle raison il agissait ainsi; il répondit *que ceux-là étaient bienheureux qui n'avaient rien d'aimable, parce que l'amour qu'on leur portait était tout en Dieu et pour Dieu.* On reçut en ce monastère une fille qui était à peu près de ces gens-là; c'était d'ailleurs une bonne âme; mais soit par nature ou manque d'éducation, elle semblait être incapable d'être adoucie et civilisée, de sorte que le temps de sa profession étant arrivé, elle fut renvoyée par le chapitre. Notre Mère de Chantal en donna avis au Saint par un billet auquel il ne fit point de réponse; mais le lendemain, après la messe, il la vit au parloir et s'informa pour quel sujet la Communauté refusait cette pauvre fille. La réponse de la digne Mère fut : qu'elle croyait que sa rusticité était incompatible avec les vertus nécessaires pour vivre dans une société religieuse. Sur quoi le Saint paraissant tout triste lui dit : *Eh quoi donc, ma Mère, a-t-on plus d'égard à des imperfections de nature* qu'à la bonne volonté d'une bonne âme qui a le courage de tout faire et de tout entreprendre pour s'affranchir de ses défauts, et remplir les devoirs de sa vocation ? Ma Mère, ajouta-t-il, *combien a-t-elle de voix ?* Elle lui en dit le nombre, il répondit *C'est plus de la moitié, ainsi dites à nos Sœurs de notre part que la novice est reçue, et que sans faute je reviendrai un tel jour recevoir ses vœux.* C'est depuis cet événement que le Saint a fixé le nombre des voix comme cela se pratique à présent.

On était si prévenu d'estime pour la sainteté de notre saint fondateur, que son valet de chambre, nommé François Favre conservait soigneusement toutes ses dépouilles, de sorte qu'il se trouva avoir un fort grand coffre tout plein de vieux habits, de linges, de chapeaux, de chaussures de son maître, et lorsqu'on lui demandait ce qu'il en voulait faire : *Je prévois,* disait-il, *qu'un jour tout cela sera des reliques, et qu'elles dureront moins, quoiqu'on les ménage, que l'empressement que l'on aura d'en avoir.*

C'est de ce valet de chambre qu'on a appris bien des traits de douceur, de patience et de charité de notre Saint. Une fois qu'il allait dire son office avec M. Jean-François de Sales, son frère, il fut appelé pour entendre la confession d'une personne de considération qu'il ne voulut pas renvoyer. Cette confession dura fort longtemps ; aussitôt qu'il eut fini, il rejoignit le prélat son frère, et commença de suite la récitation de l'office ; mais à la fin du premier nocturne, ils s'aperçurent tous deux que ce n'était pas l'office qu'ils auraient dû dire : cela fournit l'occasion à M. Jean-François, de donner quelque essort à son chagrin, jetant la faute de cette méprise sur son frère. Celui-ci lui dit doucement de ne pas se fâcher, que Dieu n'était pas si difficile à servir que les hommes, et qu'il serait content du nocturne qu'ils venaient de dire ; qu'ainsi ils n'en diraient pas un autre pour cette fois : en effet, ils continuèrent leur office sans rien recommencer.

Un jour qu'il était près de se mettre à table, une servante se présenta pour lui parler ; il la fit entrer dans une autre chambre et lui donna tout le temps qu'elle voulut ; l'indiscrétion de cette créature impatientait Monseigneur Jean-François ; il s'en prit à son frère, aussitôt que la conférence fut finie, et termina ses plaintes en lui disant qu'il ferait impatienter tout le monde ; *Mais*, répliqua le Saint, *cette personne et moi nous sommes du monde, et nous ne nous sommes pourtant point impatientés.* Ayant dit cela, ils se mirent à table : le Saint prit sa réfection sans dire un mot ; alors Monseigneur Jean-François lui dit : *Je serais bien curieux de savoir qu'elle est votre pensée. — Je vous le dirai*, dit le Saint, *si vous le voulez ; je pense qu'il y a dans le monde une femme bienheureuse, devinez qui elle est.* Monseigneur Jean-François en nomma plusieurs, et comme il ne devinait pas, le Saint lui dit en souriant, *que c'était celle qu'il n'avait pas épousée, parce que comme il était bien prompt, il l'aurait bien fait souffrir.* Là-dessus, ils continuèrent de de bonne grâce la conversation.

Ses domestiques, malgré l'estime qu'ils lui portaient, abusaient souvent de sa douceur et de sa grande bonté. Une fois qu'il était en voyage, il se trouva vivement tourmenté d'une inflammation qui s'était jetée sur une de ses jambes : pour se soulager un peu et empêcher l'humeur d'affluer dans cette partie, il mit, comme il put, la jambe malade sur la selle de son cheval, et il allait plus lentement qu'à l'ordinaire. Ses gens, qui avaient pris le devant, firent diligence, craignant l'approche de la nuit ; mais s'apercevant que leur bon maître n'était pas avec eux, ils furent obligés de revenir à sa rencontre. L'un de ses aumôniers, en l'abordant, se prit à se fâcher et à lui reprocher avec impatience que sa lenteur les allait mettre de nuit en route. Le Saint lui laissa tout dire ; à la fin il lui répondit : *Monsieur, nous allons comme nous pouvons.* Cette réponse et la pénible posture où cet aumônier vit son prélat, le toucha de confusion et de pitié ; il se souvint toujours de sa faute avec regret, bien qu'elle n'ait pas été la seule de cette nature que le Saint ait eue à supporter avec une héroïque patience, tant de lui que de ses autres domestiques. L'un d'eux était porté aux excès du vin : il en recevait de douces corrections de son maître, et promettait qu'il n'y retournerait plus. Une fois, pour suivre son malheureux penchant, il sortit le soir et ne revint qu'après que tous les gens de l'évêché furent endormis : comme personne ne se remua lorsqu'il frappa pendant la nuit, le Saint se leva et alla ouvrir : il trouva ce pauvre domestique si ivre, qu'à peine pouvait-il marcher; il le prit par la main, le fit entrer, et le conduisit sous le bras jusqu'auprès de son lit. Voyant que ce valet ne savait pas où il était, et qu'il ne pouvait pas se mettre en devoir de se coucher, il le déshabilla, le déchaussa, puis l'ayant mis au lit et ayant rangé ses couvertures, il se retira dans sa chambre. Le lendemain, le domestique se souvint de tout ce qui s'était passé, et confus comme il devait l'être, il n'osa se montrer devant son maître, qui épia tout le jour l'occasion de le rencontrer seul et lui dit : *Hier au soir vous étiez malade, qu'aviez-vous trouvé ?* A ces mots le pauvre garçon se jeta à ses pieds, criant merci et pleurant sa faute. Le Saint, touché de ses larmes, lui fit une paternelle, mais sérieuse remontrance sur le danger où son péché l'avait mis de perdre son âme pour une éternité, et lui enjoignit pour pénitence de mettre certaine quantité d'eau dans son vin pendant un temps déterminé. Le coupable accepta cette pénitence non-seulement pour le temps présent, mais il l'observa exactement tout le reste de sa vie, en sorte qu'il ne commit plus aucun excès ni dans le boire ni dans le manger.

Notre Saint s'employait avec zèle pour l'établissement de ses domestiques. François Favre, son valet de chambre, dont nous avons déjà parlé, ayant remarqué, parmi les personnes du sexe qui s'adressaient à son bon maître, une jeune veuve vertueuse et riche, pensa que le plus grand avantage qu'il pouvait espérer en ce monde, était d'obtenir cette femme en mariage. Il n'osa communiquer sa pensée à personne, mais il saisit la première occasion pour faire une visite à la veuve : celle-ci lui fit un honnête accueil par égard pour son maître. Elle ne se douta de rien, car elle avait la ferme résolution de passer le reste de sa vie dans la viduité, spécialement occupée de l'éducation de son fils unique. Favre nourrissait toujours les plus douces espérances ; mais ne sachant comment s'y prendre pour réussir, il crut qu'il s'expliquerait mieux par écrit que de vive voix. Un jour que son maître était occupé dans son cabinet, et que les affaires de la maison lui laissaient quelque loisir, il se mit à composer une lettre à Mme Clavel (c'est le nom de la veuve). Il était dans la chaleur de la composition, quand notre Saint entra dans la chambre ; il vit ce bon garçon jeter sa plume d'un côté, son écritoire de l'autre, et cacher son papier sous la table. Le Saint, sans rien dire, fit deux ou trois tours dans la chambre, puis regardant son valet, il lui dit : *François, quand je suis entré, vous écriviez?* Le jeune homme, confus, ne sut que répondre. *Qu'écriviez-vous donc ?* ajouta son maître ; et voyant qu'il ne s'expliquait point : *Est-ce que je ne suis pas de vos amis, pour que vous ne me fassiez pas cette confidence ?* Alors le garçon s'expliqua ; le Saint l'engagea à lui montrer sa lettre, et lui dit après l'avoir lue : *Vous n'y entendez rien.* Il s'assit, lui demanda son papier, son écritoire et sa plume, et écrivit sur l'heure une belle lettre à laquelle il ne manquait que la signature. *Tenez*, dit-il à Favre, *copiez cette lettre, cachetez-la et l'envoyez, et vous verrez que tout ira bien.* Le valet obéit, ne doutant point de la parole du Saint. La veuve vint aussitôt consulter celui-ci, croyant qu'il la confirmerait dans sa première intention. Mais au contraire il lui conseilla le mariage, l'encouragea, lui rendit de très bons témoignages de celui qui la demandait, l'assurant qu'ils feraient leur salut ensemble avec paix et intelligence : ce qui a été vrai. Après avoir vécu longtemps et vertueusement ensemble, ils tombèrent malades et reçurent le saint Viatique et l'Extrême-Onction le même jour. Leur fille unique s'était faite religieuse chez nous, et au temps de sa profession, Mme Favre, sa bonne mère, envoya mille ducatons à ce monastère pour sa dot. Notre Mère de Chantal en fit compter cinq cents qu'elle lui fit renvoyer en considération de ce qu'elle avait épousé, par soumission à notre saint fondateur, François Favre, qui n'avait pas de fortune. Mme Favre fut reconnaissante de ce bienfait; car jusqu'à sa mort elle fournit à tout l'entretien de sa chère fille, et elle laissa en mourant à ce monastère une maison qui fut vendue le prix de mille florins.

Un jour, notre Mère de Chantal étant malade à l'extrémité, notre saint fondateur la voua à saint Martin, dont il avait une relique qu'il lui appliqua lui-même, et elle fut soudainement guérie. Notre Sœur Marie-Adrienne Fichet, septième religieuse de ce monastère, éleva alors sa voix, et dit qu'il n'était pas besoin d'aller si loin chercher un saint pour guérir notre digne mère, que Monseigneur aurait bien pu la guérir lui-même, s'il lui eût plu de faire ce miracle. Celui-ci se tourna du côté de cette chère Sœur, et lui fit une forte réprimande, lui disant de crier merci à Dieu et au glorieux saint Martin, et de jeûner la veille de sa fête pour sa pénitence.

La dernière fois que ce saint fondateur alla à Paris, une demoiselle d'une naissance très distinguée, qui était tombée dans le malheur, et avait perdu sa réputation au point que ses parents ne la pouvaient plus voir, désirait ardemment sa retraite dans le coin d'un cloître, pour y faire pénitence;

mais elle avait été refusée de toutes les communautés religieuses. Dans cette extrémité, elle trouva enfin le moyen de se jeter aux pieds de notre saint fondateur, et lui fit une entière déclaration de tous ses péchés, avec une grande abondance de larmes : ce qui toucha vivement le cœur débonnaire et compatissant de ce saint pasteur. Il la consola, et après lui avoir donné de salutaires instructions, il lui accorda une place dans une de nos maisons de Paris. C'est à son occasion qu'il dit dans une de ses épîtres : *Il n'y a que Notre-Seigneur et moi qui recevions les pécheurs. Personne ne veut cette fille, quoique bien contrite, et moi je veux qu'elle soit reçue dans un de nos monastères.* Elle y fut reçue en effet, sans difficulté de la part de nos Sœurs, et Dieu donna tant de bénédictions à cette charité, que cette personne a vécu et est morte en odeur de sainteté. Sa pénitence lui avait attiré une élévation si grande dans l'oraison et dans la vie spirituelle, que les grands directeurs des âmes allaient souvent la consulter pour avoir ses conseils dans les plus grandes difficultés. C'était un grand esprit, qui se fit une loi inviolable d'être sincèrement humble ; et jamais, quelques instances qu'on lui fît, et quelques raisons qu'on lui pût alléguer, elle ne consentit au désir que plusieurs de nos maisons avaient de l'avoir pour Supérieure : s'humiliant toujours de ses malheurs passés, source de son bonheur éternel.

Saint François de Sales avait coutume de dire qu'il aimait mieux les âmes avec plus d'humilité et moins d'autres vertus, qu'avec d'autres vertus et moins d'humilité. La personne dont on vient de parler, n'a pas été la seule à qui notre saint fondateur a rendu de pareils secours dans de semblables occasions ; car sa charité était le refuge des pauvres pécheurs qui se manifestaient à lui dans leurs nécessités ; il les recevait avec tant de douceur, que souvent on lui en faisait des reproches, parce qu'on pensait qu'il y avait du danger dans son excessif support. Mais il répondait qu'il valait mieux descendre en purgatoire avec leurs âmes, que de les laisser dans le danger de tomber dans les enfers.

AVIS AU LECTEUR

SUR CETTE SECONDE PARTIE.

—

Le manuscrit où nous avons puisé les récits précédents, recueillis par la Mère Greffier, renferme ensuite les autres faits de la vie de saint François, disposés pour chaque jour du mois, sans égard à la suite des années. Nous rapportons dans cette seconde partie ceux qui nous ont paru intéressants, parce qu'ils sont inédits ou présentés avec de nouvelles circonstances ; mais nous les mettons dans l'ordre chronologique. Cependant, afin de laisser aux personnes pieuses l'avantage de rencontrer dans la vie du Saint un motif d'édification et de méditation pour chaque jour du mois, nous plaçons à la fin du volume une Table qui rétablit les faits dans l'ordre quotidien suivi par le manuscrit.

SECONDE PARTIE.

CHAPITRE PREMIER.

Jeunesse de saint François de Sales. Premières années de son ministère (1591.—1594.).

Pendant que notre saint fondateur faisait ses études à Padoue, il tomba dangereusement malade ; alors il dit au sieur Déage, son gouverneur : « Je n'ai qu'un testament spirituel à faire : je re-« mets mon âme à Dieu, et je donne mon corps « aux étudiants en médecine, afin que ce corps « qui n'a servi de rien pendant ma vie, soit au « moins utile à quelque chose après ma mort. — Je « m'estimerais heureux, » ajouta-t-il, « si, par « ce moyen, je pouvais empêcher une des que-« relles qu'ont ordinairement les étudiants, pour « obtenir les corps des suppliciés afin d'en faire « l'anatomie. » Notre-Seigneur a récompensé l'humilité et la charité de son serviteur ; car les académiciens de l'université de Padoue l'ont pris

1591.
15 janvier.

pour protecteur de leur compagnie; ils ont fait bâtir en son honneur une superbe chapelle, dans laquelle ils célèbrent sa fête avec beaucoup de solennité.

12 avril. Le jeudi saint de la même année, François, après avoir entendu le sermon chez les Révérends Pères de Saint-Antoine, résolut de passer quelques jours dans la prière et la retraite; il s'enferma par conséquent dans le monastère, après en avoir obtenu la permission de son gouverneur. Son exemple fut suivi par le sieur de Valence, qui fut dans la suite sénateur à Chambéry. Il a assuré que François, pour l'engager à cette sainte retraite, lui avait souvent répété : *Cher compagnon, un jour passé dans la maison de Dieu, vaut mieux que mille années dans les tabernacles des pécheurs.*

5 septembre. Le 5 septembre suivant, François, âgé de vingt-quatre ans, reçut le bonnet de docteur; le Révérend Père Possevin, son ami et son directeur, en lui voyant remettre les titres de docteur, dit par un esprit prophétique, que ce jeune homme recevrait un jour les lettres de sainteté. Il l'engagea ensuite à persévérer dans les vertus qu'il lui avait vu pratiquer pendant le cours de ses études. On conserve à Annecy la copie de la harangue et du remercîment aussi modeste qu'éloquent, que le nouveau docteur prononça à cette occasion. Il

1592. 21 janvier. prit ensuite les avis du Père Possevin, pour ses exercices spirituels, et ne sortit de Padoue qu'après avoir visité tous les lieux qui pouvaient nourrir sa dévotion.

De retour dans son pays, il rendit visite à Mgr. Claude de Granier, évêque de Genève, qui était alors fort affligé de ce qu'on l'avait desservi auprès de son souverain, Charles-Emmanuel, premier duc de Savoie. Cet illustre prélat fut si consolé par l'entretien du jeune François, qu'il dit que Dieu le lui avait envoyé pour l'empêcher de mourir de l'ennui où il était plongé. *2 mars.*

Rien de plus édifiant que les sentiments de notre fondateur, lorsqu'il revêtit pour la première fois l'habit ecclésiastique. Un saint prêtre, nommé Bouvard, a déposé, lors de la béatification de François, que jamais novice en recevant l'habit religieux n'avait eu plus de piété et d'humilité, que notre Saint en prenant sa soutane. M. Bouvard en avait béni une, et l'avait mise en réserve pour le jour où François obtiendrait de son père la permission de la porter. *Il semble*, lui dit ce bon prêtre, *que vous preniez l'habit de capucin.* Le saint jeune homme lui répondit : *Ah ! Monsieur, je prends l'habit de saint Pierre ; ce n'est que par dispense que nous sommes sécularisés à l'extérieur, l'obligation intérieure demeure dans les liens du prince des apôtres.* *1593. 10 mai.*

Notre saint fondateur a toujours regardé ce jour comme un des plus heureux de sa vie : *c'est alors*, disait-il, *que j'ai pris la cuirasse et le baudrier, et que je me suis enrôlé dans la milice de Jésus-Christ.*

12 mai. Deux jours après, il prit possession de la prévôté de l'église cathédrale de Genève, par le baiser du grand-autel et les autres cérémonies accoutumées. Claude de Granier se félicita de cette promotion, en disant que Dieu lui envoyait François de Sales pour être sa joie, sa couronne et son successeur. L'affluence du peuple fut si grande, que l'on eut peine à obtenir le silence, jusqu'au moment où François, debout devant sa forme, tint à Messieurs du chapitre le discours suivant; nous l'avons transcrit mot à mot, sur l'original écrit de sa main : « Messieurs, m'étant recueilli « en moi-même, et pensant que j'étais fait prévôt « de l'église de Genève, par le bon plaisir du « souverain Pontife, il me semblait que c'était une « chose bien nouvelle et bien périlleuse pour moi, « qu'étant sans expérience et ne m'étant aucune- « ment signalé dans la milice chrétienne, je pos- « sédasse la prévôté au commencement de mon « apprentissage ; de sorte que je suis plutôt pré- « posé que posé, plutôt préfet que fait, et qu'une « grande dignité reluit au milieu d'une grande in- « dignité, comme une escarboucle au milieu d'un « bourbier. Sur ces pensées, je me suis souvenu « du dire de David : *Ce vous est une chose vaine* « *de vous lever avant le jour ; levez-vous après* « *que vous aurez été assis, vous qui mangez le*

« *pain de douleur*. Ce qui se rapporte, par l'esprit
« qui vivifie, à ceux qui cherchent à présider et à
« gouverner, lorsqu'ils devraient se contenter de
« s'asseoir pour s'instruire ; aussi, le doux prévôt
« de Clairvaux, saint Bernard, ne disait-il pas :
« *Malheur à un jeune homme qui est plutôt fait*
« *préfet que novice !* Ce n'est donc pas sans raison
« que je me suis parlé de cette sorte à moi-
« même : C'est ainsi, François, que tu penses
« être préféré aux premiers, toi qui devrais être
« après les autres, si on avait égard à ton esprit,
« à tes mérites et à tes façons de vivre. Ne sais-tu
« pas que les honneurs sont pleins de charges et de
« périls ? En vérité, ces pensées me donnaient
« beaucoup d'étonnement en mon intérieur, et je
« redisais avec David : *Seigneur, j'ai entendu ce*
« *que vous m'avez fait dire, et j'ai craint.* Cepen-
« dant, Messieurs et Révérends Pères, votre agréa-
« ble et suave présence ôte beaucoup à ma crainte,
« et ajoute beaucoup à la confiance que je dois
« avoir en Dieu. Votre présence, dis-je, me con-
« sole si fort, que si l'on fait comparaison du con-
« tentement que je reçois aujourd'hui, avec la
« crainte que j'avais hier, il sera difficile de juger
« ce qui m'occupe le plus, tant je sens en moi l'ef-
« fet de cette parole : *Sers Dieu avec crainte, et ré-*
« *jouis-toi en lui avec tremblement ;* car ainsi la ré-
« jouissance répond à la crainte, et le contentement
« à l'anxiété. Or, ce qui me donnait cette crainte,

« c'était d'être prévôt ; mais à présent, je m'aper-
« çois que j'ai tremblé où il n'y avait rien à
« craindre ; car on doit craindre d'être prévôt de
« ceux que difficilement on peut tenir dans le de-
« voir ; mais je suis prévôt de ceux qui ont toute
« la modestie, la force, la prudence et la charité
« requises. Qu'y a-t-il donc à craindre? et pour-
« quoi m'arrêter à la considération de mon en-
« fance, de mon ignorance et de la faiblesse de
« mon esprit, puisqu'en cette charge je n'aurai
« pas besoin de donner des avertissements, d'im-
« poser des corrections, ni de faire des instruc-
« tions, à moins que je ne voulusse, suivant l'ex-
« pression des anciens, *enseigner Minerve,* ou
« bien selon notre ancien proverbe, *prêcher saint*
« *Bernard, et parler latin devant les Cordeliers.*
« Celui-là n'a point faute de mérite, qui n'a rien
« à apprendre aux autres, et quand les vents sont
« favorables, chaque matelot peut indifféremment
« tenir le gouvernail avec facilité. Il est bien vrai,
« Messieurs, qu'accoutumés comme vous l'êtes à
« avoir des prévôts qui ont été très doctes, très
« graves et très fortunés, il ne se peut que vous
« ne sentiez quelque dégoût en un si grand chan-
« gement et déclin de cette dignité qui est la
« première de cet auguste chapitre. Vous pourriez
« bien penser ce que dit certain poète : Quel hôte
« nouveau succède à nos siéges, quel téméraire
« s'introduit sous les voûtes de l'auguste maison

« de saint Pierre ? Oui, certes, Messieurs et Révé-
« rends Pères, vous pouvez dire tout cela. Pour
« votre soulagement et le mien, je vous supplie
« de considérer avec moi que Dieu a coutume
« de choisir les choses les plus basses et les plus
« faibles de ce monde, pour confondre les forts, et
« de perfectionner la louange par la bouche des
« enfants, afin qu'on lui rapporte tous les biens
« qu'on a reçus, comme provenant tous de lui. »
Sur cela, notre Saint se leva, fit une profonde inclination à l'assemblée, et tout le peuple, saisi de
joie, le salua par mille acclamations.

Notre saint fondateur passa le reste de la jour- 13 mai.
née avec son évêque, Claude de Granier, auquel
il alla s'offrir comme un humble novice à son Père-
Maître, pour recevoir sa direction ; il lui demanda
sa bénédiction, avant de se retirer dans la solitude où il allait, tant pour éviter les congratula-
tions et les louanges publiques, que pour se préparer à recevoir les ordres sacrés, le dimanche de
la Pentecôte. Pendant le temps de sa retraite au 18 mai.
château de Sales, il fit appeler le sieur Bouvard,
pour se faire instruire dans ses nouvelles fonctions. Ce vénérable, comme il l'a déposé, fut tout
surpris, non-seulement de la pureté de son
cœur, mais encore de le trouver savant dans
l'exercice des clercs. Comme il s'étonnait de
le voir versé dans la connaissance du Bréviaire,
le saint jeune homme lui avoua que durant toutes

ses études à Padoue, les jours de fête, il était allé réciter les heures canoniales avec les Révérends Pères Théatins, pour lesquels il avait une tendre affection; et que de plus, dans ses voyages, il avait toujours pris plaisir de dire l'office ecclésiastique avec M. Déage, son gouverneur. J'y trouvais, ajouta-t-il, trois avantages : le premier, d'y glorifier Dieu; le second, de soulager mon gouverneur; et le troisième, de m'instruire et de m'occuper moi-même. Il ne croyait pas qu'il y eût un plus beau livre après l'Ecriture-Sainte, que le Bréviaire et le Missel romain; il ajouta qu'il s'était cent fois étonné de ce qu'il y avait des prêtres qui ignoraient la science des Saints, et mettaient peu d'application à la récitation des offices ecclésiastiques.

26 mai. Le jour qu'il finissait sa retraite préparatoire aux ordres sacrés, M. Bouvard le surprit dans la chapelle de Sales, tout baigné de larmes, en réfléchissant à l'inconstance d'un nommé Bassna, qui se sépara de saint Philippe de Néry, quitta sa congrégation, et causa de grands scandales à l'Eglise de Dieu. *Hélas,* dit le Saint, *Dieu me met devant les yeux qu'il vaut mieux un petit trésor trouvé, qu'un bien grand qu'il faut aller chercher; nous voici donc dans le très bon chemin de la vie ecclésiastique; il faudra marcher sans regarder en arrière, ni changer de visée.*

30 mai. Mr de Granier, après avoir conféré les quatre moindres et le sous-diaconat à François de

Sales, l'invita lui et toute sa famille, à dîner à l'évêché ; notre Saint voyant son père, sa mère, ses frères et ses sœurs, dit au prélat : *Est-ce que je suis un enfant prodigue, que vous me donnez un banquet de réjouissance ?* Le prélat lui répondit : *Vous êtes mon fils, en qui Dieu a prodigué ses grâces ; bientôt vous me serez quelque chose de plus.* Il ajouta qu'il voulait qu'il prêchât le jour de la Fête-Dieu ; l'humble François s'en excusa, disant qu'il n'était encore qu'un enfant dans l'état ecclésiastique, que la prédication était l'office des diacres et non des sous-diacres ; mais comme l'évêque continuait de le presser, notre saint fondateur, sachant bien qu'il vaut mieux obéir que d'offrir des victimes, répondit en latin : *Seigneur, sur votre parole je jetterai le filet.*

Le jour du Saint-Sacrement, un cordelier, nommé Fonderée, prédicateur très célèbre, passant à Annecy, et l'évêque ayant témoigné le désir de l'entendre, François, qui avait préparé son discours, céda humblement la chaire au Révérend Père. Le jeudi suivant, octave de la Fête-Dieu, 24 juin. François prêcha en public pour la première fois ; M. d'Avully Antoine de St-Michel, homme docte, 25 juin. mais hérétique opiniâtre, alla le lendemain trouver secrètement notre jeune prédicateur, lui confessant que son discours avait tellement agité et brouillé son cœur, qu'il désirait avoir plusieurs conférences avec lui, pour s'éclairer et mettre son salut en assurance; depuis ce moment, ils eurent des communications intimes, et M. d'Avully fit plus tard abjuration entre les mains de François.

<small>29 juin.</small> Mgr de Granier, édifié des fruits que sa parole avait produits, voulut qu'il prêchât le jour de Saint-Pierre. François prit pour texte ces paroles de Notre-Seigneur : *Tu es Pierre, etc.* Il dit à ses auditeurs qu'ils trouveraient étrange que leur ayant apporté, la semaine précédente, du pain de vie, il leur apportât en ce jour une pierre : *Mais*, dit-il, *si la Sainte-Vierge parle pour moi, cette pierre deviendra du pain, comme, à sa parole et à sa prière, son divin Fils convertit l'eau en vin délicieux.* Après cet exorde, ce saint et savant prédicateur fit une utile comparaison de la naissance de saint Jean, à la mort de saint Pierre, prouvant que la mort des martyrs est une nativité, et la nativité des pécheurs, une mort. Saint Jean, innocent, a eu une naissance joyeuse, et saint Pierre, une mort douloureuse; et l'Eglise unit cette vie et cette mort, ou plutôt ces deux vies dans une même octave.

<small>1 septembre.</small> Dès qu'il fut diacre, jaloux de travailler au salut des hommes et au progrès de la piété, il institua, avec l'autorité du Saint-Siége et l'agrément de son évêque, une confrérie de la Sainte Croix et de l'Immaculée Conception de la Sainte-Vierge, sous la protection de saint Pierre et saint Paul; il en composa les constitutions et les règlements. On les

garde aujourd'hui dans les deux confréries, écrits de la main de notre saint fondateur.

Lorsqu'il fut ordonné prêtre, Mgr de Granier dit en versant des larmes de joie : *Dieu m'a refusé le don de la parole, et je ne puis prêcher; mais il m'a donné un fils qui sera ma parole et ma voix.* Il ajouta *que le prévôt de sa cathédrale était un soleil qui se levait sur l'église de Genève.* {18 décembre}

Notre saint fondateur entrant en retraite pour se préparer à célébrer sa première messe, a dit depuis à notre digne Mère de Chantal, qu'il avait reçu tant de lumière et de bons mouvements dans cette retraite, que le souvenir qui lui en était resté l'avait déterminé à établir parmi nous les retraites de trois jours avant les bonnes fêtes, pour nous disposer à la réception de la grâce que les sacrés mystères attirent sur tous les chrétiens. {19 décembre.}

Après qu'il eut célébré sa première messe, M. Nouvellet, chanoine, homme de beaucoup d'esprit, lui présenta plusieurs pièces de poésie à sa louange; parmi ces pièces, il y avait une anagramme qui faisait allusion au nom de *soleil*, que l'évêque avait donné à François. Voici cette anagramme : {22 décembre.}

FRANÇOIS DE SALES,
Soleil sans fard.

Notre Saint reçut les productions d'esprit de cet ami, avec une humble modestie, et voyant cette comparaison du soleil, il dit à l'auteur que la moitié de cette pièce était juste, puisque en effet

Dieu lui faisait la grâce d'être sans fard, aimant naturellement la bonne foi et la simplicité chrétienne, mais que ce mot de soleil lui déplaisait fort; que la comparaison de ce bel astre devait être réservée pour le soleil de justice, Jésus-Christ, et pour sa sainte Mère ; puis prenant la plume, il fit lui-même son anagramme, en cette sorte (le mot n'est pas de la délicatesse de notre temps, mais il exprime naïvement l'esprit du Saint):

FRANÇOIS DE SALES,
Foi sans décaler (1).

Je crois, ajouta-t-il, que c'est mon bon ange qui a fait cette anagramme, et qu'il m'obtiendra la grâce de ne voir jamais de décales ni de déchet dans ma foi. Le Seigneur augmentera en mon âme un trésor précieux que nous devons à la première grâce que nous avons reçue, et qu'il faut employer à sa plus grande gloire.

1594.
7 juillet. Bientôt le démon suscita des hommes jaloux de la gloire de notre saint fondateur. Ils travaillèrent avec art à le rendre suspect à son évêque, en représentant à ce bon vieillard que François de Sales, qui ne faisait que de naître dans l'Eglise, semblait vouloir l'emporter sur lui ; qu'il avait l'art de gagner le peuple dont il était avidement

---

(1) *Décaler*, vieux mot : Sortir une cale qui soutient un objet et le met de niveau.

suivi; que l'éclat des applaudissements qu'on lui donnait ternissait celui de sa crosse et de sa mitre ; que ce jeune homme s'érigeait déjà en maître, et que de directeur, il voulait devenir réformateur du clergé; que tout cela, enfin, allait à son mépris, puisqu'on n'écoutait plus que ce jeune homme; qu'on abuserait dans la suite de sa trop grande bonté. Toutes ces raisons trouvèrent place dans l'esprit de ce bon évêque, qui entra dans de grands soupçons et de grandes inquiétudes, s'imaginant d'avoir failli en son jugement et en ses souhaits, lorsqu'il avait nommé François de Sales son fils uniquement aimé, et l'objet de ses plus douces complaisances. D'autre part, il n'osait pas donner des marques publiques de son amertume contre notre prévôt, après l'avoir si hautement honoré de son approbation. Le sage François voyait bien que son évêque n'était plus le même à son égard, et comprenait tout le crédit que la calomnie avait acquis sur son esprit. D'autre part, il sentait son innocence. Il résolut devant Dieu de digérer en paix l'amertume de cœur qu'il éprouvait, et de continuer ses fonctions ordinaires avec le même zèle et la même assiduité, sans rien rabattre du respect et de la déférence qu'il avait toujours eus pour son prélat. Celui-ci enfin lui rendit toutes ses bonnes grâces ; convaincu de la jalousie des calomniateurs, il voulait les faire punir, mais notre Saint obtint leur grâce.

CHAPITRE II.

MISSION DU CHABLAIS (1594. — 1598.)

14 septembre. L'ADMIRABLE conduite de notre saint fondateur dans la mission du Chablais, a été racontée en détail par tous les auteurs de sa vie et les panégyristes de sa mémoire; je les répèterais volontiers, je suivrais le zélé missionnaire dans la route solitaire et dangereuse qu'il faisait tous les jours de la forteresse des Allinges à Thonon; mais on m'accuserait d'avoir traduit dans mon pauvre style ce que mille autres ont dit mieux que moi. Je ne citerai donc que quelques faits dont les détails me paraissent n'avoir pas été assez connus; je m'arrêterai à décrire les augustes cérémonies par lesquelles François termina sa mission, et commença le rétablissement du culte public dans le Chablais. Voici comment des témoins oculaires ont raconté la conversion du sieur ***, procureur de Thonon :

26 décembre. Notre saint fondateur prêchant à Thonon, le jour de la fête de Saint-Etienne, l'an 1594, il ne se trouva dans l'église que sept auditeurs. L'un d'eux était un procureur nouvellement converti, mais mal affermi dans la foi, et sur le point de retourner à ses premières erreurs ; il se disait en lui-même : Si ce missionnaire prêche pour la gloire de Dieu, il fera son sermon à ces pauvres gens ; mais s'il prêche pour sa propre gloire, il ira chercher un auditoire plus nombreux, et moi j'irai à Genève, vers les ministres réformés. Comme il roulait ces pensées dans son esprit, le jeune apôtre monta en chaire, et prêcha sur la foi et la charité de saint Etienne, avec autant de zèle et d'onction que si l'église eût été pleine. Le procureur, vivement touché, se jeta alors à terre pour soupirer et pleurer à son aise ; le débonnaire François, croyant qu'il se trouvait mal, descendit de chaire pour lui donner du secours : *Hélas ! Monsieur*, lui dit le procureur, *c'est mon âme qui est malade ; achevez votre sermon, je vous dirai tout ensuite.* François continua son discours, après lequel cet homme, touché de ses misères, vint le trouver, abjura de rechef, se confessa, et fut depuis un perpétuel prédicateur de l'Eglise romaine et des vertus de notre saint missionnaire : il est un de ceux qui ont déposé pour sa béatification.

Notre saint fondateur eut la consolation de voir les gens de guerre en garnison aux Allinges, attentifs à ses instructions, touchés et convertis par la grâce de Dieu, qui bénissait son ministère. Ayant trouvé un de ces soldats qu'un sermon sur l'horreur du péché avait presque réduit au désespoir

1595.
3 avril.

de son salut, il en prit un soin particulier, le fit coucher dans sa chambre et manger à sa table ; enfin il le mit en état de se confesser à plusieurs reprises, et avec de si grands sentiments de contrition, que notre saint fondateur ne lui donna pour pénitence, qu'un *Pater* et un *Ave*. Le soldat, surpris de cette indulgence, lui dit : *Ah ! mon père, voulez-vous donc ma perte, que vous me donnez une si petite pénitence pour de si grands crimes ?* — *Non, mon fils,* répondit François, *confiez-vous dans la miséricorde de Dieu, qui est plus grande que toutes vos iniquités. Je me charge de faire le surplus de votre pénitence.* — *Il n'en sera pas ainsi,* répondit le soldat, *car je suis le pécheur et vous êtes l'innocent.* Quelques semaines après, il vint voir le saint missionnaire, lui dit qu'il avait obtenu son congé, et qu'il partait pour aller se faire chartreux, connaissant bien qu'il devait employer le reste de sa vie à faire pénitence de ses crimes passés.

1597.
10 avril.
Dans le premier voyage que notre saint fondateur fit à Genève pour convertir Théodore de Bèze, il logea à l'hôtel de l'Ecu-de-France. Une servante de cet hôtel apprit avec une douce consolation qu'un prêtre catholique y était logé ; elle vint le trouver, et le pria, les larmes aux yeux, d'entendre sa confession : il y avait si longtemps qu'elle languissait, privée des sacrements. François bénit Dieu de ses vues de miséricorde ; il écouta la con-

fession de cette bonne fille, lui donna l'absolution, puis lui dit de se préparer à recevoir la communion. Alors il tira de son sein une petite boîte d'argent, où étaient cinq hosties consacrées; mais au lieu de lui donner une hostie, il lui en donna une particule, et voulut bien lui expliquer pourquoi il agissait ainsi : *Je réserve,* dit-il, *les hosties pour cinq bons catholiques, qui sont restés fidèles à notre sainte Eglise, dans cette ville hérétique; comme vous ils attendent le pain de vie, et je le leur distribuerai avec l'aide de Dieu, avant de partir.* En effet, il alla visiter les catholiques, entendit leur confession, consola ces bonnes âmes qui louaient Dieu, même sur les bords du fleuve de Babylone ; et avant de se retirer, il leur donna la sainte communion, pour les affermir dans la foi et les soutenir au milieu des tentations et des mauvais exemples. La servante de qui nous tenons ce fait, entra depuis dans notre monastère : c'est notre sœur Anne-Jacqueline Coste. En sortant de Genève, François versait des larmes en abondance ; M. Louis de Sales, son cousin, lui en demanda le sujet : *Ah ! mon cher frère,* lui dit-il, *notre Sauveur a bien pleuré sur l'ingrate Jérusalem; pourquoi ne pleurerais-je pas sur cette pauvre Genève, autrefois le siége de notre évêque, maintenant séparée du giron de l'Eglise, et ne connaissant pas le moment où Dieu la visite !*

3 juillet. Dans le second voyage que notre saint fondateur fit au mois de juillet pour voir Théodore de Bèze, M. Favre, ce grand ornement du barreau, qui l'accompagnait, lui fit remarquer dans l'antichambre où ils attendaient le ministre, un portrait de Calvin avec cette inscription :

> Hoc vultu, hoc habitu Calvinum sacra docentem
> Geneva felix audiit,
> Cujus scripta pii toto admirantur in orbe,
> Malis licet rugientibus.

Aussitôt François, ne pouvant supporter le mensonge, fit de ces vers la parodie suivante, avec une promptitude d'esprit qui étonna le président Favre :

> Hoc vultu, hoc habitu Calvinum falsa docentem
> Geneva demens audiit,
> Cujus scripta pii toto execrantur in orbe,
> Malis licet rugientibus.

8 juillet. C'est au retour de ce voyage, que notre saint fondateur, aidé d'un religieux capucin, nommé Chérubin, prépara ce qui était nécessaire pour la célébration des quarante heures dans les paroisses du Chablais. Le Père Chérubin fut chargé de commencer ces prières dans l'église d'Annemasse, qui avait été ruinée par les Calvinistes. En même temps, des Jésuites venus au secours de notre saint missionnaire travaillaient dans les bailliages de Ternier et de Gaillard. François, qui jusqu'alors avait

cultivé seul cette terre ingrate, voyait avec une consolation inexprimable le zèle des nouveaux ouvriers que le père de famille lui avait envoyés. Rien n'est plus admirable que l'industrieuse adresse de François pour attirer les peuples aux offices de l'Eglise catholique ; il pria son frère Louis de Sales, et le président Favre, tous deux versés dans les lettres humaines aussi bien que dans les vertus chrétiennes, de composer des pièces de poésie qui devaient être, les unes récitées et les autres chantées, à l'ouverture et à la clôture des quarante heures. C'est ainsi que dans les premiers siècles de l'Eglise, Ambroise retenait le peuple dans la cathédrale de Milan, par le chant des hymnes et des psaumes : ce qui fit éprouver à Augustin, de vives et pieuses émotions. François voulut encore que son frère fît, de l'histoire d'Abraham, un drame en vers français, pour être représenté par les jeunes Jésuites ; afin de procurer aux peuples une douce et sainte récréation, après les longs exercices des quarante heures. Il disait que les traits de l'histoire sainte, présentés de la sorte, s'imprimaient plus fortement dans la mémoire, et que le charme de la représentation était comme l'huile qui aidait au burin à graver plus profondément.

6 septembre.

Ce fut le 7 septembre 1597, que ces prières furent ouvertes dans la paroisse d'Annemasse, par une procession solennelle. Après avoir célébré de

7 septembre.

grand matin la sainte messe dans l'église de Saint-Hippolyte, à Thonon, François parut en surplis à la porte de l'église, pour faire sortir la procession qui devait être composée de tous les nouveaux catholiques en état de supporter la fatigue de la longue route de Thonon à Annemasse. Comme il fallait passer à la porte de Genève, la crainte des hérétiques faisait que personne n'osait marcher en tête et porter la croix. Cette crainte était d'autant plus fondée, que les jours précédents les Genévois avaient troublé les préparatifs de la cérémonie en sortant de leur ville au son du tambour, et en venant insulter et menacer les catholiques ; aussi les serviteurs mêmes de notre Saint refusèrent de porter la croix : alors il la prit lui-même, et après l'avoir vénérée, il se mit à la tête de la procession entonnant les hymnes sacrées ; les fidèles le suivirent, ils auraient eu honte de paraître lâches sous un chef si généreux. Au moment où l'on entrait à Annemasse, François apprit que les pénitents de Sainte-Croix-d'Annecy, venaient en procession sous la conduite de son frère, le chanoine Louis de Sales ; les deux pieuses troupes se rencontrèrent à l'entrée du village, les deux frères s'embrassèrent en versant de larmes de joie ; cependant des chœurs de musique se répondaient du milieu des lignes saintes; enfin les deux processions s'étant réunies, entrèrent dans l'église et chantèrent en-

8 septembre. semble les louanges de la Mère de Dieu. Le

lendemain, Monseigneur de Granier, qui était venu d'Annecy pour accroître la solennité par sa présence, célébra pontificalement la sainte messe. A l'offertoire, François adressa aux fidèles quelques paroles pleines d'onction ; il leur apprit ce qu'il fallait faire pour gagner les indulgences attachées aux prières des quarante heures, et joignant l'exemple au précepte, il alla le premier, après la messe, suivi des confrères de la Croix, se prosterner aux pieds du Saint-Sacrement, et faire la première heure d'adoration ; les fidèles continuèrent sans interruption, se relevant d'heure en heure avec une ferveur digne des premiers temps. La journée suivante fut employée à la plantation de la croix : cet étendard du roi des rois fut arboré avec pompe au bruit des instruments de musique et des chants d'allégresse, au milieu d'un nombreux clergé et d'une foule de peuple. On grava sur la base de la croix cette inscription qui était tout à la fois une protestation contre les calomnies des hérétiques, et une instruction pour les hommes de bonne foi :

Ce n'est ni la pierre ni le bois que les catholiques adorent, mais le Dieu qui, étant mort sur la croix, l'a rendue vénérable par son sang précieux.

La solennité touchait à sa fin, un heureux incident la prolongea : sept cents nouveaux convertis du bailliage de Ternier arrivèrent en pro-

[marginalia : 9 septembre. 10 septembre.]

cession avec une ferveur admirable, pour prendre part aux bénédictions et aux indulgences des quarante heures ; notre saint fondateur les reçut avec effusion de joie, il les encouragea par un beau discours. Le père Chérubin leur fit aussi un sermon dans la journée ; puis les exercices publics étant terminés, François réunit les ecclésiastiques et les religieux, et tint avec eux plusieurs conférences sur les moyens d'assurer le triomphe de la foi dans le Chablais. Les ministres Calvinistes furent invités à ces conférences ; François offrit de les entendre et de leur répondre sur tous les points de discussion qu'ils voudraient traiter ; on les attendit en vain : pas un n'osa s'exposer à une discussion publique avec l'apôtre du Chablais.

11 septembre.

Alors celui-ci se rendit seul au pied de la croix qu'il avait fait planter, et y fit une longue et dévote oraison. Après avoir recommandé au Dieu des miséricordes ce peuple qu'il venait de conquérir par ses vertus et ses travaux, il reprit à pied le chemin de Thonon.

1598. 20 septembre.

Cette ville jouit l'année suivante des mêmes avantages qu'Annemasse. Notre saint fondateur espérant y recueillir des fruits aussi abondants et aussi précieux, vint avec Monseigneur de Granier ouvrir les prières des quarante heures.

21 septembre.

Après que le prélat eut célébré la grand'messe, il porta solennellement le Saint-Sacrement dans les rues et les places de la ville. C'était un spectacle bien consolant pour les catholiques, de voir rendre publiquement à Jésus-Christ, sous les symboles eucharistiques, des adorations et des hommages dans une ville où, jusqu'à ce jour, François avait été forcé, pour le porter aux malades, de le cacher sur sa poitrine dans une boîte de vermeil. Il était convenu avec les fidèles que lorsqu'il marcherait gravement sans lever son chapeau et sans saluer personne, ce serait signe qu'il portait celui à qui l'on doit la souveraine révérence. Les habitants des villages voisins se joignirent à ceux de Thonon, pour glorifier l'Eucharistie; les pénitents de Thuringe précédaient le dais, ainsi que les confrères de la paroisse de Boëge; mais ce qui consola plus vivement François, ce fut l'arrivée de trois cents calvinistes de la paroisse de Bellevaux, qui venaient abjurer leurs erreurs et demander l'absolution à l'évêque. Lorsque le Saint-Sacrement eut été exposé à la vénération des fidèles, quarante paroisses vinrent en procession faire tour à tour leur heure d'adoration, témoigner à l'envi leur foi et leur piété; les habitants de Saint-Sergue, furent admis les premiers au pied de l'autel, parce qu'ils avaient été les derniers à quitter le sein de l'Eglise, et des premiers à y rentrer à la voix du saint missionnaire; ils se glorifiaient de n'avoir jamais été entièrement infidèles, et montraient avec un noble orgueil, l'ancienne croix de leur église et la custode du Saint-Sacrement,

1595.
4 juillet.

qu'ils avaient cachée dans une vieille muraille, au temps où les hérétiques pillaient les lieux saints, profanaient les vases sacrés et ruinaient les églises. Ces bons villageois portaient ces objets sacrés en tête de leur procession, comme l'étendard et le trophée de leur foi. François les félicita d'avoir imité la piété des anciens Israélites, qui cachèrent dans un puits le feu sacré, au jour de la désolation du temple.

<small>22 septembre.</small> Au moment où notre saint fondateur finissait la sainte messe, l'évêque de Saint-Paul arriva, conduisant en procession le clergé et le peuple des petites villes de *Chaise* et de *Salloche*, auxquels s'étaient réunis les habitants des hautes montagnes du Faucigny. Ces pauvres gens avaient fait deux grandes journées de chemin, ils étaient pieds nus et vêtus de blanc. Après avoir satisfait leur piété, ils représentèrent plusieurs scènes de la Passion de notre Seigneur, à la grande édification des spectateurs. On aurait dit que la Providence voulait récompenser le zèle de l'apôtre du Chablais, en réunissant le même jour dans ces lieux écartés tout ce qui pouvait contribuer au triomphe du catholicisme et à la gloire de son ministre ; on vit arriver en procession toute la noblesse du Chablais, sous la conduite du gouverneur Jérôme de Lambert. Aussitôt que celui-ci aperçut François à la porte de l'Eglise, il se jeta à ses pieds en s'écriant : *Vous êtes notre père ; bénissez-nous, et of-*

frez-nous vous-même à Dieu. Mais l'humble missionnaire était lui-même à genoux : on les releva et on les conduisit aux pieds de l'évêque, qui les bénit et les conduisit à l'autel ; François s'occupa ensuite des moyens de procurer de la nourriture à cette multitude de fidèles. Ils avaient à peine pris leur réfection, que la procession d'Evian entra dans le village ; ce furent de nouvelles fêtes : du milieu des lignes saintes sortit une troupe d'enfants vêtus en anges, portant les instruments de la Passion de notre Seigneur ; ils employèrent l'après-midi à représenter plusieurs drames religieux, entr'autres la fuite du prophète Elisée, persécuté par l'infâme Jésabel, et mangeant sous un genevrier le pain que lui avait apporté l'ange de Dieu.

Au coucher du soleil, arriva la procession de Ternier, retardée par l'opposition et les insultes des gens de Genève ; François les accueillit et les embrassa avec tendresse. Après leur avoir fait un beau discours, il passa la nuit à entendre leurs confessions, ce qui fit dire que les derniers venus avaient été le mieux partagés, parce qu'ils avaient possédé pour eux seuls le saint missionnaire.

Le saint apôtre employa la journée du lendemain à achever d'instruire quarante calvinistes dont il avait retardé l'abjuration, parce qu'il ne les trouvait pas suffisamment éclairés ; il les conduisit ensuite à l'évêque, qui reçut leur abjuration

1598.
23 septembre.

en présence du Saint-Sacrement, les confessa et leur donna l'absolution. François pria instamment le prélat de leur administrer tout de suite le sacrement de Confirmation : *Mes enfants sont faibles, ils ont besoin d'être fortifiés promptement par la force du Saint-Esprit.* Plusieurs des assistants murmuraient, disant qu'il fallait remettre la Confirmation au lendemain, que la cérémonie était trop longue et trop fatigante pour un évêque chargé d'années et d'infirmités : ils ajoutaient même que l'intention de François était d'accabler son évêque, afin d'avoir sa place. Le Saint les entendit, et sans rien répondre à ce méchant discours, il se contenta de dire : *J'espère que Monseigneur ne se trouvera pas mal de ce travail.* Il servit ensuite de parrain aux quarante nouveaux convertis, et couronna par là ses admirables et pénibles travaux.

24 septembre.

Le duc de Savoie avait passé les monts pour venir au-devant du cardinal de Médicis, à son retour de France, où il avait été envoyé en qualité de légat. Notre saint fondateur alla rejoindre le duc à Chambéry, pour lui recommander les intérêts de ses nouveaux enfants de Thonon. *La bonté du prince,* écrivait-il à M. Marin, procureur fiscal, *a été si grande, qu'il a dérobé un instant à ses nombreuses occupations, pour me donner audience. Il m'a promis de m'en accorder une plus longue à Thonon, et d'être favorable à nos*

nouveaux convertis, et surtout aux pauvres.
Ce fut en exécution de cette promesse que S. A. R. envoya les ordres nécessaires pour régler les aumônes dans le Chablais. Notre saint missionnaire voulut en faire lui-même la distribution. Chaque semaine il distribuait des pains aux pauvres, à la porte de Ripaille et dans les villages voisins. Avant de commencer, il les faisait mettre à genoux, leur faisait réciter le *Credo*, les commandements de Dieu, une prière pour l'exaltation de la foi, et une pour la conservation de S. A. R. Par ses soins, les mêmes aumônes étaient distribuées aux indigents des villages qui sont au-delà de la Durance. Il obtint encore de l'abbaye de Filli cinq mesures de blé pour seize pauvres vieillards qu'il allait souvent visiter, et qui étaient trop infirmes pour venir à la distribution de l'aumône. *27 septembre.*

Le duc étant arrivé à Thonon, donna les ordres pour recevoir dignement le légat. Notre saint fondateur s'occupa à orner l'église de St-Hippolyte ; on la revêtit d'une tapisserie de drap d'or et de velours violet ; on la décora d'un double rang de colonnes ; on l'enrichit de peintures et de dorures, au point que le plaisir des yeux et la dévotion du cœur étaient également satisfaits. Entre les choses qui furent de l'invention de notre Saint, on remarqua une colonne blanche comme l'albâtre, à laquelle il avait attaché deux devises écrites en lettres d'or, sur un fond d'azur ; l'une en latin, à *28 septembre.*

l'honneur du Cardinal, signifiait à peu près qu'Alexandre de Médicis, plus qu'Alexandre de Macédoine, avait triplement triomphé ; qu'il avait donné la paix à trois Etats, et que Dieu l'en récompenserait en plaçant sur sa tête la triple couronne de la tiare pontificale. L'événement justifia l'emphase prophétique de cet éloge, le Cardinal ayant été élu pape quelque temps après, sous le nom de Léon XI. L'autre devise, en français, à l'honneur du duc de Savoie, célébrait son règne pacifique et souhaitait les bénédictions du ciel au souverain qui faisait régner la religion. Ce fut dans cette église de St-Hippolyte que le légat voulut descendre avant de se rendre au logement qu'on lui avait préparé.

29 septembre.

30 septembre. Lorsque les principaux de la ville vinrent le saluer, François se cachait dans la foule ; mais le duc de Savoie le prit par la main et le présenta au Cardinal, en disant : « Monseigneur,
« voilà le véritable apôtre de cette province du
« Chablais ; c'est un homme béni de Dieu, et qui
« nous a été envoyé du ciel. Son zèle lui a fait exposer sa vie pour le rétablissement de la foi ;
« elle était bannie de ces provinces depuis 70 ans.
« J'ai porté ici mes armes pour seconder ses bonnes
« intentions ; mais c'est à lui qu'est dû tout l'honneur du succès. » Le Cardinal embrassa notre Saint, l'assurant qu'il instruirait Sa Sainteté de tout ce qu'il venait de voir et d'entendre.

1 octobre. Le lendemain on recommença les prières des

quarante heures, comme on l'avait souhaité. Après la procession du Saint-Sacrement, notre saint fondateur prononça un discours sur la présence réelle; il prit pour texte ces paroles : *La chair ne sert de rien, c'est l'esprit qui vivifie.* Le ministre Petit, que François avait nouvellement converti, adressa au légat une fort belle harangue, et vint ensuite recevoir de lui l'absolution avec un grand nombre de gentilshommes du Chablais. Sur le soir, arrivèrent les processions des diverses paroisses converties ; elles étaient en si grand nombre, que le Légat et le Duc en étaient dans l'admiration. Ce dernier ne cessait de répéter dans l'enthousiasme de sa joie : *Monsieur le prévôt de Sales est vraiment le père et l'apôtre de tout ce peuple.* Cependant l'humble missionnaire se tenait auprès de son Evêque, caché dans la foule des prêtres assistants.

Les gens de la cour du Duc et de celle du Légat s'adressèrent tous à François, pour qu'il les préparât à la communion générale ; il fut donc obligé de passer la nuit à entendre leurs confessions.

Le Duc de Savoie se présenta le premier à la Table sainte ; la plupart des seigneurs y furent admis avec lui ; toute cette journée se passa dans une grande dévotion. Après midi, les confrères du Saint-Sacrement, vêtus de blanc, portèrent une grande et pesante croix; le saint missionnaire

2 octobre.

les aida à la planter au milieu de la ville, d'où les hérétiques l'avaient abattue ; le Duc et sa cour, le Légat et les Evêques assistaient à cette cérémonie ; ils dirent que si la croix avait été élevée sans accident et sans le secours des cordages, c'était parce que François y avait mis la main. Pendant cette cérémonie, l'air retentissait du son des trompettes, des instruments de musique, et des voix de tout le peuple qui chantaient le *Vexilla Regis*. Le Duc de Savoie se prosterna ensuite au pied de la croix, et l'embrassa dévotement ; tout le peuple en fit autant, et comme la durée du jour ne suffisait pas à cette pieuse cérémonie, elle fut continuée à la lueur des flambeaux.

<small>3 octobre.</small> Notre saint fondateur ferma les quarante heures, par un excellent discours sur ces paroles de Notre-Seigneur : *Faites ceci en mémoire de moi.* Le Cardinal de Médicis avoua que ce digne apôtre avait un don de Dieu tout particulier ; que pour lui il n'avait jamais ouï manier ce passage avec plus de solidité, de clarté et de piété. Il fut aussi étonné du grand nombre de convertis qu'il trouva dans cette province. Les travaux de notre Saint lui paraissaient au-dessus des forces humaines ; son zèle l'avait porté à prêcher plus de dix fois dans ces trois jours, quoiqu'il y eût quantité de prédicateurs assignés pour les heures principales ; mais il n'avait pas le courage de voir les processions qui venaient de toutes parts, s'en re-

tourner sans qu'il leur eût distribué le pain de la parole de Dieu. S'exposant à la merci de la providence, il montait en chaire, n'ayant souvent d'autre préparation que la pure foi et une grande confiance en Dieu ; en sorte que le Légat emporta ce saint missionnaire dans son cœur. Il disait que l'apôtre du Chablais était ce qu'il avait vu de plus admirable dans toute sa légation.

François de Sales s'occupa ensuite à faire des mémoires pour l'affermissement de la foi et le rétablissement des cures dans les trois bailliages ; il les présenta lui-même au Prince ; celui-ci lui ordonna d'assister au conseil où il devait faire connaître ses volontés aux députés de Berne et de Genève. Ceux-ci demandaient par des discours adroits et préparés, qu'on laissât aux habitants la liberté de conscience, et qu'au moins trois ministres résidassent dans le Chablais. Notre Saint voyant que des raisons politiques entraînaient une partie du conseil, s'avança avec une sainte hardiesse, et dit en saluant respectueusement le Duc : *Ah ! Prince sérénissime et très chrétien, si vous laissez des ministres dans cette province, vous perdez la terre et surtout le ciel, duquel un pied de largeur vaut plus que le monde entier ; il ne faut point de convention entre Jésus-Christ et Bélial.* Le Prince et l'assemblée furent émus à cet oracle. Le Duc prononça d'un ton absolu, que les ministres eussent à sortir du Chablais, et qu'on ne lui

6 octobre.

parlât plus de cette affaire. Le conseil fut levé, et les ambassadeurs furent invités à dîner ; ils firent de nouvelles tentatives, pour obtenir que deux ministres pussent résider dans le Chablais. *J'y consens*, leur dit le Duc, *mais à condition que vous recevrez à Berne et à Genève les ministres catholiques que j'y enverrai*. Cette réponse leur imposa silence ; ils reconnurent bien qu'elle était suggérée par François, qui avait un grand désir d'étendre ses missions apostoliques dans les cantons suisses.

17 octobre. Le Duc exila les calvinistes ; mais François obtint des délais qui donnèrent à la plupart des hérétiques le temps de rentrer dans le sein de l'Eglise. Il fit même expédier à plusieurs exilés des sauf-conduits pour revenir dans leur patrie, et les ramena à la foi par ses instructions et ses bons offices.

Avant de quitter le Chablais, le Duc donna des ordres pour rebâtir les Eglises paroissiales et établir un collége de Jésuites ; enfin l'œuvre de François de Sales fut consolidée par toutes les mesures que pouvait prendre l'autorité temporelle.

CHAPITRE III.

FRANÇOIS DE SALES COADJUTEUR DE L'ÉVÊQUE DE GENÈVE (1598. — 1602.)

Mgr. l'Evêque de Granier, reconnaissant des services que son Prévôt avait rendus à la religion, le choisit pour être son Coadjuteur. Le clergé et le peuple applaudirent à ce choix ; le Duc de Savoie y prêta les mains ; mais le plus difficile était d'avoir le consentement de l'humble François. En vain son Evêque lui disait qu'il était son fils, que Dieu le lui avait donné pour être sa joie et sa couronne, qu'il voulait lui remettre sa crosse, sa mitre et son bercail ; François y mit tous les obstacles possibles, il en tomba malade de chagrin. Aussi, en parlant plus tard des répugnances qu'il avait éprouvées, il disait agréablement : *Sans doute je n'avais pas encore appris de saint Paul que c'est une bonne œuvre de désirer l'épiscopat, et Dieu ne m'avait pas encore inspiré l'excellente pratique de ne rien demander et de ne rien refuser.*

25 octobre.

Son Evêque l'envoya à Rome pour y solliciter la bulle de son intronisation, mais il eut soin de le faire accompagner de son neveu, M. de Chizé,

1599. 10 mars.

vicaire-général. L'oncle et le neveu donnèrent dans cette occasion une preuve admirable de leur vertu, aussi bien que de l'estime qu'ils faisaient de notre Saint, car il faut remarquer que M. de Chizé, avait toutes les qualités nécessaires pour bien remplir les fonctions de Coadjuteur. C'était un homme d'une naissance illustre, vertueux, savant, prédicateur habile, vicaire-général de l'évêché, et plus ancien dans la cathédrale que François de Sales ; mais toutes ces considérations n'empêchaient pas l'oncle et le neveu de travailler à procurer à notre Saint cette dignité, dans la vue des grands biens qu'il ferait au diocèse quand il en serait le pasteur.

13 mars. Un jour que M. de Chizé visitait les catacombes de Rome, il y trouva notre saint Fondateur tout baigné de larmes, ce qui lui fit croire qu'il avait reçu quelque mauvaise nouvelle sur la santé de Mgr. de Granier ; mais notre Saint pour le tirer de peine lui dit : *Non, mon frère, non, je n'ai rien appris de fâcheux : hélas ! je verse des larmes sur mon indignité, quand je prie sur les tombeaux des pontifes qui ont été assez heureux pour répandre leur sang en témoignage de leur foi. Oh ! que le martyre est à désirer ! mais il faut que je m'humilie ; je ne mérite pas, pécheur que je suis, les grâces et les faveurs que Dieu accorde à ses favoris.*

14 mars. Ce vrai ministre du Seigneur ne songeait à pro-

fiter de la bienveillance du Souverain Pontife, que pour avancer les affaires de la religion dans le Chablais ; il présenta à cet effet plusieurs suppliques et plusieurs mémoires. Et quoique appuyé par les personnes qui avaient le plus d'accès auprès de Sa Sainteté, il ne pouvait vaincre la lenteur habituelle de la cour de Rome. Notre Saint passait donc son temps à visiter les lieux saints, à prier aux pieds des autels et sur les tombeaux des martyrs : *Je trouve*, disait-il, *que les lenteurs de la cour de Rome sont tout à la fois une marque de la sagesse qui préside à ses délibérations et un effet de la divine Providence, qui veut donner aux étrangers le temps de faire tranquillement la visite des saints lieux, et de recommander leurs affaires, encore plus à Dieu qu'aux hommes.*

Enfin, le nouveau Coadjuteur fut averti de se tenir prêt pour subir l'examen dans le consistoire qui devait s'assembler le lendemain en présence du pape Clément VIII. Ce grand serviteur de Dieu, tout anéanti à ses propres yeux, répandit beaucoup de larmes, en considérant le poids et la dignité dont on voulait le charger et dont il se croyait très indigne. Il pria instamment la sainte Vierge, que s'il devait être un mauvais évêque, elle lui obtînt de son Fils la grâce de demeurer muet devant le pape. Nous avons vu une lettre qu'il écrivit à cette occasion à son cousin Louis de Sales, chanoine de la cathédrale. Il lui marquait qu'on l'avait

20 mars

averti de se tenir prêt pour l'examen ; que par le premier ordinaire, il lui écrirait la justice que Dieu lui aurait faite, en l'humiliant, ou la miséricorde qu'il aurait exercée sur lui, en lui donnant les moyens de satisfaire aux interrogations, et qu'en l'un ou l'autre des événements il faudrait bénir Dieu. Dans ces sentiments, il se prépara *21 mars.* par la prière plus que par l'étude. Il fut examiné par le pape, assisté de huit cardinaux, et de vingt prélats tant archevêques qu'évêques ou généraux d'ordre. Sa réputation avait attiré encore plusieurs autres personnes distinguées par leur doctrine et leur mérite. Un prélat espagnol qui devait être examiné le même jour, fut saisi d'une si grande crainte quand il entra dans cette auguste assemblée, qu'il tomba en défaillance; on l'emporta, on n'oublia rien pour le rassurer, on lui dit même que le pape étant bien informé de sa piété et de sa capacité lui ferait expédier ses bulles sans examen; mais tous ces soins et toutes ces précautions ne purent calmer ses appréhensions. La frayeur l'avait tellement saisi, qu'il mourut le jour même. L'humble François fut d'abord examiné par Sa Sainteté, et ensuite par un délégué qui lui demanda : *En quelle science avez-vous étudié?* François répondit : *En théologie, en droit canon et en droit civil. — Sur quelle science voulez-vous être examiné? — Sur celle qu'il plaira à Sa Sainteté. Déterminez-vous*, reprit l'examinateur d'un ton plus sévère, *on vous laisse le choix. La sainte théologie*, dit le Saint, *étant plus convenable à ma vocation, je tâcherai avec l'aide de Dieu de répondre aux questions qu'on me proposera.* Les cardinaux Borromée, Bellarmin, Baronius, le poussèrent vivement ; il résolut 39 questions très difficiles avec tant de netteté et d'une manière si humble, que tous les assitants admiraient également sa science et sa modestie. Le saint Père, qui l'écoutait avec plaisir, voulant finir lui-même l'examen qu'il avait commencé, lui proposa quelques difficultés ; il finit par lui demander si les évêques pouvaient absoudre du crime d'hérésie. François répondit que oui, suivant le sixième chapitre de la section 24 du concile de Trente. Comme ce pontife avait révoqué ce pouvoir par une bulle, il lui dit : *Mon fils, nous ne l'entendons pas ainsi ;* alors le modeste François répartit : *Très saint Père, si Votre Sainteté ne l'entend pas ainsi, je ne veux pas non plus l'entendre :* enfin toute l'assemblée fut si édifiée et le pape si consolé, que descendant de son trône et pleurant de joie, il embrassa notre Saint qui était encore à genoux, et l'arrosant de ses larmes, il lui dit d'une voix haute : *Buvez, mon fils, des eaux de votre citerne et des ruisseaux de votre source : que vos fontaines coulent dehors, distribuez vos eaux dans les places publiques.*

Les amis du nouveau Coadjuteur vinrent le 22 mars

complimenter sur l'heureux succès de son examen ; mais entre tous les prélats qui lui rendirent visite, le Cardinal Borghèze, qui fut depuis le pape Paul V, et le Cardinal Baronius, lui donnèrent des marques particulières de leur estime.

Ce dernier lui fit présent de son livre de l'Histoire Ecclésiastique, qu'il avait mis au jour cette même année. Le Révérend P. Juvénal, prêtre de la congrégation de l'Oratoire, qui fut depuis Evêque de Saluces, rendit visite à notre Saint, et le félicita d'avoir si heureusement réussi dans son examen. Notre saint fondateur lui répondit avec tant de piété et de modestie, que ce grand homme s'écria en l'embrassant : *Ah ! Monsieur, j'ai bien plus de joie de reconnaître que vous êtes véritablement humble, que je n'en ai eu de vous reconnaître véritablement docte.* Ces deux grands hommes ont entretenu pendant toute leur vie l'amitié sincère qu'ils contractèrent en ce jour-là. Voici ce que notre bienheureux Père en écrivit à une de ses filles : « Mgr. l'Evêque de Saluces, l'un
« de mes plus intimes amis et des plus grands
« serviteurs de Dieu qui fût au monde, est décédé
« depuis peu avec un regret incroyable de son
« peuple, qui n'avait joui de ses travaux qu'un an
« et demi ; nous avions été faits évêques ensemble
« et tout d'un jour ; je vous demande trois cha-
« pelets pour son repos, assuré que je suis que

23 mars.

« s'il m'eût survécu, il m'eût procuré une charité
« pareille de la part de tous ceux auprès de qui
« il aurait eu du crédit. »

Il écrivit de Rome, à son cher cousin Louis de 26 mars. Sales, en ces termes : « Je vous confesse ingénu-
« ment que Dieu n'a pas permis que j'aie été con-
« fondu dans mon examen, quoiqu'en ne regar-
« dant que moi-même, je n'attendisse que cela.
« Je vous assure que M. le grand-vicaire est sorti
« du consistoire plus joyeux que moi. Ce fidèle
« ami ne s'empressera que trop pour écrire en
« Savoie les signes de bonté paternelle dont le
« pape m'a honoré, ce qui m'oblige d'être plus
« que jamais soumis enfant et fidèle serviteur de la
« sainte Eglise Romaine ; mais quoi que nos amis
« écrivent, souvenez-vous qu'ils exagèrent notre
« bien aussi souvent que nos ennemis exagèrent
« notre mal, et qu'enfin nous ne sommes que ce
« que nous sommes devant Dieu. »

Après avoir communié de la main du Pape, il 25 mars. reçut de notre Seigneur des faveurs particulières, comme on l'a trouvé écrit de sa main dans un petit billet ainsi conçu : « Ayant reçu la sainte Eucha-
« ristie de la main du Souverain Pontife, le jour de
« l'Annonciation, mon âme fut fort consolée inté-
« rieurement, et Dieu me fit la grâce de me donner
« de grandes lumières sur le mystère de l'incar-
« nation, me faisant connaître d'une manière inex-
« plicable que le Verbe prit un corps par la puis-

« sance du Père et par l'opération du Saint-Esprit
« dans le chaste sein de Marie, le voulant bien
« lui-même, pour habiter parmi nous dès qu'il serait
« homme comme nous. Cet Homme-Dieu m'a aussi
« donné une connaissance élevée et savoureuse sur
« la Transsubstantiation, sur son entrée en mon
« âme, et sur le ministère des pasteurs de l'E-
« glise. »

24 mars. Le Saint-Père expédia enfin à Mgr. de Granier le bref qui lui accordait François de Sales pour Coadjuteur. Il le félicitait en même temps d'un si bon choix, et l'assurait de la parfaite satisfaction qu'il en avait reçue. Le même jour le nouveau Coadjuteur fut préconisé et nommé évêque de Nicopolis; il obtint de Sa Sainteté les bulles qu'il sollicitait pour l'établissement des cures dans les trois bailliages, et ne songea plus qu'à retourner au milieu des peuples confiés à ses soins.

31 mars. Après avoir dit la sainte Messe dans l'église de Saint-Pierre de Rome, et reçu la bénédiction du Souverain Pontife, François partit pour retourner en Savoie; mais il voulut passer par Lorette, afin de remercier la sainte Vierge des grâces qu'il en avait reçues. Il demeura longtemps dans la chambre miraculeuse où le Saint-Esprit a opéré le mystère de l'Incarnation. M. de Chizé le pressant d'achever sa prière, il lui répondit : *Par amitié, mon cher frère, laissez-moi encore ici pour une heure : je renouvelle tous les vœux*

que j'ai faits à la Mère de Dieu dès ma jeunesse. Il y passa le reste du jour pour satisfaire sa piété ; l'évêque de Lorette employa une partie de la nuit à lui communiquer le manuscrit d'un ouvrage qu'il composait, et voulut avoir son avis.

A son passage à Turin, il demanda au duc de Savoie son agrément et sa protection, pour mettre à exécution tous les brefs apostoliques en faveur de la nouvelle Eglise du Chablais. Il arriva à Annecy, pourvu et assuré de l'autorité souveraine. Mgr. de Granier reçut avec une joie extrême son coadjuteur ; il prenait soin de communiquer à tout le monde les lettres que Sa Sainteté et les cardinaux lui écrivaient sur le choix qu'il avait fait d'un si digne collaborateur. Il en faisait faire des copies par son aumônier, M. Farus, en disant dans un esprit prophétique : *Souvenez-vous bien de tout ce qui concerne mon fils, mon coadjuteur, car un jour viendra que vous en répondrez.* En effet, cet aumônier a été un des premiers qui aient déposé pour la béatification de notre Saint.

1 juin.

Les commencements de l'année 1600 promettaient à notre saint fondateur que les fidèles du Chablais jouiraient paisiblement des biens qu'il leur avait procurés ; il s'occupait à leur en assurer la durée, et à croître lui-même en mérites par la ferveur de sa piété et par ses bonnes œuvres. Il eut soin de s'affilier à l'ordre de saint François d'Assise. *Ne perdons*, disait-il, *aucune occasion*

1600. 10 janvier.

de nous faire inscrire dans les confréries. Déjà, sous la loi de rigueur, David s'écriait : Seigneur, donnez-moi part aux bonnes œuvres de ceux qui vous craignent. *A plus forte raison, les chrétiens qui vivent sous la loi de grâce doivent-ils se consommer en l'unité de Jésus-Christ, par le moyen des saintes sociétés ; les abus qui s'élèvent dans ces louables établissements, ne sont pas des motifs pour les détruire, on doit se contenter de les réformer.*

26 octobre.

Bientôt la guerre qui éclata entre la France et la Savoie, exposa le Chablais à devenir de nouveau la proie de l'hérésie. Le nouveau coadjuteur ayant appris que Henri IV, qui s'était emparé de la Savoie, avait envoyé un officier hérétique pour commander à la garnison des Allinges et pour gouverner le pays, se rendit à Annecy pour avoir audience du prince ; il lui représenta courageusement les dommages qu'un gouverneur hérétique apportait aux nouveaux convertis. Henri écouta notre apôtre avec la plus grande bienveillance, et lui dit en propres termes : *Monsieur, pour l'amour de notre saint Père, et à votre considération, je vous accorde tout ce que vous demandez ; je sais que vous avez toujours bien fait votre charge ; rien ne sera innové dans la province du Chablais contre ce qui a été fait pour la religion. Je vous le promets au péril de mon sang.* Ces paroles si chrétiennes et si royales comblèrent de consolations le saint missionnaire.

Cependant, M. de Monglan, lieutenant de Sa Majesté dans la province, et partisan des réformés de Genève dont il suivait les erreurs, confisquait au profit du roi tous les bénéfices ecclésiastiques unis aux ordres de Saint-Maurice et de Saint-Lazare, parce qu'il les regardait comme faisant partie des domaines du duc de Savoie, grand-maître des deux ordres. Déjà les pasteurs catholiques se dispersaient, lorsque François, muni des ordres favorables d'Henri IV, crut qu'il fallait lui-même parcourir le Chablais pour rassurer les esprits; à peine était-il arrivé à quatre lieues d'Anneci, qu'il tomba dans un parti de soldats français; ceux-ci jugeant à sa bonne mine que c'était un homme d'un rang distingué, le firent prisonnier, et le conduisirent au maréchal de Vitri capitaine des gardes de Sa Majesté. Cet officier demanda à notre Saint ce qu'il faisait ainsi sur les routes, dans un pays rempli de soldats ennemis. François répondant avec son ingénuité ordinaire, raconta comment le roi avait eu la bonté de l'entendre, avait pris sous sa royale protection les ecclésiastiques du Chablais, et enfin, avait donné parole que rien ne serait fait au préjudice de la religion; il ajouta que, lorsque les soldats l'avaient fait prisonnier, il allait aux Allinges, instruire le seigneur de Monglan des volontés de Sa Majesté. Le maréchal de Vitri prit un vrai plaisir au discours de François, il loua son zèle, et conçut pour lui une si douce inclination, qu'il se confessa prisonnier de cœur et d'inclination de son prisonnier ; il voulait conduire François à Chambéry pour le présenter à Henri IV dans l'intention de le fixer auprès de Sa Majesté. L'humble François s'en excusa et dit au maréchal : *Ce qui me ferait un grand honneur dans une autre occasion, me tournerait en blâme dans celle-ci, puisque ce grand roi est ennemi de mon prince naturel et légitime; cependant j'espère que par la bonté de Dieu, ces deux monarques seront bientôt d'accord.* Cette généreuse liberté plut infiniment au maréchal de Vitri, il donna au saint apôtre toutes sortes de témoignages d'amitié et des lettres de recommandation pour les officiers du Roi, dans le Chablais, disant qu'il aurait voulu faire connaître à tout le monde un homme si accompli ; il ne se sépara de lui qu'avec regret et voulut lui donner une escorte, mais le saint coadjuteur refusa cet honneur avec une persévérante modestie.

3 novembre. Le cardinal Aldobrandini, légat du saint-siége, qui avait connu particulièrement notre saint fondateur à Rome, et qui eut de fréquentes conférences avec lui, lors de la conclusion de la paix, entre Henri et Charles Emmanuel, se plaisait à dire : *La profonde science de François lui est commune avec plusieurs, les grandes conversions qu'il a faites, sont des ouvrages de la grâce;*

mais deux choses m'ont paru en lui plus admirables et plus étonnantes : la première, de ce qu'étant gentilhomme, d'une illustre famille de Savoie, il ne m'a jamais parlé des affaires de l'Etat, ni des nouvelles du temps; la seconde, qu'étant nommé coadjuteur à l'évêché de Genève, il ne m'a jamais demandé ni faveur, ni protection pour obtenir ses bulles; que toutes les conférences que j'ai avec lui, n'ont roulé que sur les affaires de la religion et de son église; d'où j'ai conclu que ce jeune homme était véritablement mort au monde et à son propre intérêt, puisque rien ne vit en lui que les intérêts de la gloire de Dieu et du salut des âmes.

La paix et le bon ordre étant rétablis en Savoie, François fut prié de prêcher le carême à Annecy; il était près de se mettre en chemin, lorsque son père tomba dangereusement malade; ce bon vieillard s'était depuis longtemps préparé à la mort par les soins de son fils qu'il avait choisi pour son confesseur; il reçut de ses mains le saint viatique; puis comme il se trouvait mieux et que les médecins assuraient que le danger était éloigné, il voulut que son fils partît pour sa mission. Ils se privèrent ainsi l'un et l'autre de leur propre satisfaction pour le service de Dieu. Avant de se séparer, le père de notre Saint lui donna sa bénédiction, et le pria de le bénir à son tour, parce qu'il le regardait comme son père spirituel.

1601.

6 avril. A peine les premières semaines du carême s'étaient-elles écoulées, que François apprit la mort de son père. Le messager qui lui apporta cette nouvelle eut l'imprudence de la lui donner, lorsqu'il sortait de la sacristie pour monter en chaire. Le saint prédicateur adora les desseins de Dieu, fit un acte de soumission à sa sainte volonté, prêcha comme à l'ordinaire et le discours fini, il dit à ses auditeurs : *Messieurs, sachez que François de Sales, votre ami et mon père, est mort; comme vous lui faisiez tous la grâce de l'aimer, je vous supplie de prier pour le repos de son âme, et de me donner deux ou trois jours pour aller rendre les derniers devoirs à son corps.*

Disant cela, ses larmes se mêlèrent avec celles des assistants, on n'entendait plus que le bruit des sanglots et des soupirs dans l'église, où tous se mirent en prière pour le seigneur défunt. Le Prélat avait dit sa messe avant le sermon, mais il en entendit deux pour l'âme de ce cher père et les entendit à genoux, se tenant immobile au coin de l'autel. Dieu lui donna une douce espérance du salut de celui pour qui l'on priait.

7 avril. Etant arrivé à Sales, il donna tous les ordres nécessaires pour la sépulture de son père, consola sa chère mère et toute la famille, qui dès ce jour le regarda comme son chef et son père, il confessa Mme sa mère, ses frères, ses sœurs et tous les domestiques ; il célébra la sainte messe et voulut que

tous communiassent pour le défunt ; il les entretint sur l'obligation où nous sommes de faire saintement ce que nous sommes obligés de faire nécessairement ; il revint deux jours après à Annecy, pour continuer sa fonction apostolique ; et dans son premier sermon, il fit une agréable comparaison de son père avec Abraham : *De la même manière, dit-il, que cet ancien patriarche a sacrifié à la mort son fils Isaac, et que Dieu s'est contenté de sa bonne volonté, n'ayant exigé de lui que le sacrifice du cœur et de l'esprit, ainsi mon père m'a sacrifié dans une grande maladie par soumission à la volonté de Dieu qui n'a exigé de lui en cette occasion que le sacrifice spirituel ; mais plus tard Isaac, a été obligé de faire un sacrifice réel et d'ensevelir son père Abraham, Dieu a exigé de moi le même sacrifice.*

9 avril.

Nous laissons aux auteurs de la vie de notre saint fondateur le récit de tout ce qu'il fit à Paris, où il alla pour obtenir de Henri-le-Grand le rétablissement de la foi dans le pays de Gex. Ils ont expliqué longuement les motifs de ce voyage, la protection que le baron de Luz, gouverneur de la Bourgogne, accorda à François, la gracieuse réception que lui fit Henri IV, ses conférences avec Villeroi, les fruits admirables qu'il produisit en prêchant le carême à la cour, la conversion de la comtesse de Perdieuville, et celle de l'illustre famille des Raconis, l'éloge que le cardinal du

1602.
1 janvier.

Péron fit de son éloquence, en disant : *Je peux bien convaincre les hérétiques, mais pour les convertir, il faut les mener à M. de Genève.* Ils ont admiré l'esprit de désintéressement qui lui fit refuser les présents des duchesses de Longueville et de Mercœur, et surtout la coadjutorerie de Paris, le premier évêché vacant et la pension de mille écus que lui fit offrir Henri IV.

Mais voici quelques détails sur lesquels ils ont passé trop légèrement et quelques paroles de notre Saint, qu'ils n'ont pas exactement citées.

3 janvier. Ses amis lui conseillèrent, pour obtenir à Paris une réception plus favorable, de se faire sacrer et de prendre l'habit violet avant son départ; il leur répondit humblement : *Tant que Dieu nous laissera Monseigneur notre Evéque, je ne changerai pas de rang dans l'Eglise ni de couleur dans mes habits.* Dieu qui aime les humbles bénit les desseins de François. Contre toute apparence, il obtint de Sa Majesté Très-Chrétienne, une grande partie de ce qu'il demandait.

20 février. Les applaudissements des grands et des savants du siècle flattèrent si peu cet humble apôtre que prêchant à Rumilly, petite ville de la Savoie, six ans après qu'il eut prêché à Paris, il écrivit à Mme de Chantal : « Je prêche ici d'aussi bon cœur que
« je l'ai fait autrefois à Paris, et même je le fais
« avec plus de consolation, parce que je vois venir
« ce bon peuple avec humilité et simplicité, ce qui

« m'approche de la grâce et m'éloigne davantage
« de la flatterie et de la vanité. »

Lorsque l'archevêque de Paris voulait le choisir 17 avril.
pour son coadjuteur, il répondit à ses amis qui le
sollicitaient d'accepter cette dignité : *Le diocèse
de Genève est la portion de la vigne du Seigneur,
que celui-ci m'a appelé à travailler, je ne peux
y renoncer sans exposer mon salut. On ne se
donne pas à l'Eglise pour faire une grande fortune, mais pour défricher le champ assigné par
le père de famille; la part qui m'est échue est déjà
au dessus de mes forces.*

Notre saint fondateur avait la plus haute estime 3 juin.
pour M. de Berulle, qui fut depuis cardinal. Il
se lia avec lui d'une étroite amitié, et lui fit part du
dessein qu'il avait de fonder une congrégation de
prêtres, à l'imitation de celle de saint Philippe de
Néry, qu'il avait vue à Rome; mais M. de Berulle,
lui ayant dit qu'il avait formé le même projet depuis longtemps, l'humble François en bénit Dieu
et laissa à M. de Berulle, tout l'honneur d'exécuter
ce projet, disant que son ami avait plus de capacité et plus de grâce que lui. La congrégation
des Pères de l'Oratoire fut établie par le cardinal
de Berulle, en 1611, douze ou quatorze mois après
que François eut ouvert à Annecy, le premier
monastère de la Visitation.

Ces deux illustres amis se réunissaient dans la
maison d'une sainte fille, nommée Marie Aurillot 5 juin

Acarie, connue depuis sous le nom de la bienheureuse Marie de l'Incarnation. Elle prit François pour son confesseur, et lui communiqua son ardent désir d'introduire les Carmélites en France. Notre Saint qui aimait toutes les bonnes œuvres et qui estimait infiniment l'ordre de sainte Thérèse, applaudit à ce dessein, lui promit son appui et en écrivit de suite au pape et aux cardinaux ; on doit par conséquent à ses efforts l'introduction de cet ordre admirable dont les exemples ont puissamment contribué à l'accroissement de la piété en France.

Dans une lettre particulière au cardinal Baronius, François s'exprimait ainsi sur la bienheureuse Marie : » La très dévote Acarie a été une
« grande servante de Dieu, je l'ai confessée plusieurs
« fois, et j'ai été son directeur ordinaire pendant les
« six mois que j'ai passés à Paris, j'ai eu un grand
« tort de ne pas profiter, comme je le devais, de
« sa sainte conversation. J'aurais bien désiré
« qu'elle m'eût découvert l'intérieur de son âme ;
« mais le respect que je lui portais m'a toujours
« empêché de lui faire une semblable demande. »

17 septembre. François retournait dans son diocèse et n'était qu'à quelques journées de Paris, lorsqu'il reçut des lettres par lesquelles on lui apprenait la mort de Claude de Granier, évêque de Genève ; ses appréhensions se renouvelèrent en voyant que le moment était venu de remplir les fonctions épiscopales : *Mon élévation, dit-il, n'est pas mon ouvrage, c'est celui de la Providence; aussi j'en ai posé et reposé tous les soins entre les mains de Dieu; je suis l'évêque de sa paternelle bonté et de la soigneuse charité de mes amis; cette pensée me rend le fardeau plus léger. Elle m'oblige aussi à rendre à Dieu et au prochain amour pour amour et zèle pour zèle.* 18 septembre.

Il se rendit au château de Sales, pour se préparer à son sacre par la méditation et la prière; ce fut alors qu'il reçut de Dieu la première inspiration, sur notre saint ordre de la Visitation et sur les personnes que Dieu avait choisies pour en être les pierres fondamentales. 18 novembre.

Après une retraite de vingt jours, faite sous la conduite du révérend Père Fournier, jésuite, qu'il avait fait venir exprès, il fit sa confession générale à Mgr. de Vienne. Cet Archevêque a dit souvent depuis, que la confession générale de François de Sales lui avait servi toute sa vie de sujet de confusion, parce que la pureté du Saint lui avait fait sentir plus fortement l'énormité de ses propres infidélités. 7 décembre.

François fut sacré dans l'église de Torens, et sept jours après, il fit son entrée épiscopale dans la ville d'Annecy; il choisit un samedi pour cette cérémonie : afin, dit-il, que la sainte Vierge Marie Mère de Dieu fût son introductrice dans le bercail de son fils. 8 décembre.

14 décembre.

C'est avec plaisir qu'ont lit dans la vie de ce Saint, la relation de cette entrée pontificale et la description des décorations et des emblêmes dont les habitants avaient orné leur cité. L'expression des sentiments divins qui animaient le saint Evêque, était le principal ornement de cette fête : voici comment dans une de ses lettres il rend compte, de ce qu'il avait éprouvé le jour de son sacre : »
« Priez pour moi, ma chère fille, réclamez sur ma
« misère la charité de la Mère des miséricordes ;
« il y a aujourd'hui dix ans que je fus sacré dans
« la même église où j'avais été baptisé ; c'est là
« que je fis ce grand et épouvantable vœu, de me
« consacrer au service des âmes et de mourir pour
« elles, s'il était expédient ; alors Dieu m'ôta véri-
« tablement à moi-même pour me donner à son
« troupeau.

Le saint Evêque après avoir annoncé lui-même la parole de Dieu à son peuple et nommé les officiers nécessaires pour le gouvernement du diocèse, s'occupa à régler l'intérieur de la maison épiscopale : il avait composé ce règlement pendant sa retraite de vingt jours ; tout y était prévu, la durée et la qualité des repas, la conduite des domestiques, la réception des étrangers, etc. etc.

15 décembre.

Mais l'esprit de charité devait modifier et adoucir ce qu'il y avait de trop sévère dans ce plan de conduite pris à la lettre, notre saint fondateur s'en explique lui-même de la manière sui-

vante à Mgr. de Bourges, qui lui demandait la copie de ce règlement : « C'est pour vous
« obéir que je vous envoie ce pauvre écrit,
« dont la plus grande partie vous sera inutile.
« Ce n'est pas qu'il ne fût désirable que nos mai-
« sons épiscopales fussent conformes à ce règle-
« ment; mais je sais par expérience qu'il faut s'ac-
« commoder à la nécessité des temps, des lieux
« et de l'occasion. Je vous confesse que je n'ai
« point scrupule de me déranger de ce règlement,
« quand le service de mes brebis m'occupe ; car
« alors, il faut que la charité soit plus forte que
« nos propres inclinations. En faisant cet écrit,
« mon dessein a été, non de me gêner, mais de
« me régler sans m'obliger à aucun scrupule de
« conscience; car Dieu me fait la grâce d'aimer
« autant la liberté de mon esprit que je hais la
« dissolution et le libertinage. En somme, Monsei-
« gneur, nous devons dire avec le grand évêque
« d'Hiponne, *Amor meus pondus meum.* »

CHAPITRE IV.

PREMIÈRES ANNÉES DE LA VIE ÉPISCOPALE DE SAINT FRANÇOIS DE SALES. (1602. — 1610.)

1603. La Providence éleva notre saint fondateur à l'épiscopat, pour que sa lumière brillât à tous les yeux; placé ainsi sur le chandelier de l'Eglise, il ne put plus cacher la sainteté de ses actions; elles ont été écrites dans toutes sortes de style et presque dans toutes les langues, pour l'édification des hommes. Cependant nous avons encore recueilli quelques traits qui ont échappé aux historiens ou qu'ils ont négligés comme indignes de la gravité de leur récit. Nous les plaçons ici sans les unir par des transitions; ils nous paraissent propres à faire une aussi forte impression et à donner des exemples plus pratiques que les grandes actions qu'un prince de l'Eglise a seul pu faire.

janvier. Notre saint fondateur s'appliqua à détruire les coutumes profanes que le temps semblait avoir consacrées. Tout le monde sait qu'il substitua aux divertissements du carnaval des prières et des exercices de piété; mais voici la manière ingénieuse qu'il employa pour faire cesser un usage local qui devait produire les plus grands désordres. Au commencement de janvier, les jeunes gens des deux sexes d'Annecy choisissaient mutuellement leur Valentin et leur Valentine, en s'envoyant des billets sur lesquels leurs noms étaient écrits en lettres d'or. Selon les lois de la civilité mondaine, le jeune homme était obligé, pendant le reste de l'année, de conduire au bal et à la promenade la jeune fille qu'il avait choisie. François attaqua directement cet abus en chaire; il y revint plusieurs fois; enfin il pria les fidèles de ne recevoir, cette année, de billets que de sa main, disant qu'il ferait lui-même les Valentins et les Valentines. En effet, il fit distribuer dans toutes les familles des billets où étaient écrits les noms des Saints et des Saintes. Chacun devait prendre pour protecteur, pendant l'année, celui ou celle dont le nom lui était échu par le sort, et s'appliquer la sentence tirée de l'Ecriture ou des Pères, qui terminait ce billet doux. Cette invention réussit, mais les libertins mécontents en firent des railleries. *Laissez-les faire*, dit le Saint, *nous sommes les plus forts, car nous avons pour nous Dieu et ses amis.*

Ce saint Evêque ne croyait pas que les pénibles et nombreuses fonctions de l'épiscopat le dispensassent de distribuer la parole de Dieu à son peuple et d'écouter la confession de tous ceux qui voulaient s'adresser à lui. Presque

22 février.

tous les jeunes gens qu'il disposait aux saints Ordres, demandaient à lui faire leur confession générale. Ses amis lui conseillaient de ne pas laisser établir une telle coutume, parce qu'il serait accablé : *Ah!* répondit-il, *je ne vais pas les inviter; ils me demandent eux-mêmes. Dieu le permet, afin que le pasteur connaisse ses brebis, et qu'il soit connu d'elles.*

28 février.
Les prêtres et les religieux d'Annecy ont déposé avec serment, dans le procès de la canonisation, que François leur avait ordonné d'envoyer à son confessionnal, non-seulement les pauvres et les misérables, pour qu'il les consolât et les aidât; mais surtout ceux qui étaient atteints de quelques maladies dégoûtantes, comme les chancreux et les punais; parce qu'ils étaient ordinairement délaissés et avaient par conséquent un plus grand besoin de consolation et d'instruction.

Après avoir fait d'admirables règlements pour les curés et pour le bon gouvernement de son diocèse, le saint Evêque consacra son temps et ses soins à l'instruction des faibles et des petits; il composa lui-même un Catéchisme et une direction pour les catéchistes. Afin d'ennoblir leurs utiles

23 juin. fonctions; il alla lui-même faire l'ouverture des catéchismes, dans l'église de Saint-Dominique, et les continua tous les dimanches tant que ses autres occupations le lui permirent; il employa plusieurs moyens ingénieux pour y attirer la jeunesse. A

midi, un homme en casaque violette, portant sur la poitrine, en lettres d'or, les noms sacrés de Jésus et de Marie, parcourait les rues en agitant une sonnette et en criant : *Venez, venez à la doctrine chrétienne, on vous apprendra le chemin du paradis.* L'exercice commençait par le chant du *Veni, Creator ;* lorsque les enfants des deux sexes avaient pris séparément leur place et que la récitation était finie, le saint Prélat montait en chaire et expliquait d'une manière familière les points principaux de la doctrine chrétienne ; puis de jeunes enfants, remarquables par l'expression de leur piété et de leur candeur, encore plus que par la grâce de leur personne et la douceur de leur voix, chantaient en chœur un cantique en langue vulgaire. Bientôt tous les fidèles se firent un devoir d'assister à ces catéchismes ; on y vit des personnes de tout âge et de tout rang. Quelques esprits difficiles et mal disposés à l'égard du saint Evêque, en prirent occasion de le railler : *C'était*, disaient ces malins critiques, *un funeste talent que celui de mettre les personnes doctes au rang des ignorants ;* François se contenta d'abord de répondre avec douceur par ces paroles de l'Evangile : *Si vous ne devenez comme ces petits enfants, vous n'entrerez point dans le royaume des cieux.* Mais, voyant que ces railleries toujours répétées détournaient plusieurs personnes d'aller aux instructions, il fit une vigoureuse réprimande à ceux qui se les permettaient, et leur déclara que s'ils les continuaient, il leur interdirait l'entrée de sa maison, parce que leurs discours portaient préjudice au service de Dieu et à l'avancement de la piété. Cette correction fut si salutaire, que les railleurs se turent, et pour preuve d'amendement, furent dès-lors les plus exacts à suivre le catéchisme.

28 mars. Persuadé que sa qualité d'évêque l'invitait à imiter plus particulièrement le souverain Pasteur, et à être comme lui prêtre et victime, il marcha pieds nus et vêtu d'un sac, à la procession que les confrères de la sainte Croix firent la nuit du Jeudi saint. Il visita avec eux les tombeaux des martyrs dans les églises où le saint Sacrement était exposé, et se considérant comme la victime expiatoire qui devait être immolée pour le salut du peuple, il se condamna à une rude discipline, après avoir prononcé un discours fort touchant sur la passion du Sauveur. Pour conserver le souvenir d'un si bel exemple, cette pieuse confrérie établie par notre saint fondateur dans le lieu de sa résidence, fait chaque année à pareil jour les mêmes pratiques de dévotion.

Lorsque les solennités de Pâques furent terminées, le saint Evêque profita de ce que les affai-
3 mai. res de son diocèse l'appelaient à Turin, pour aller à Saluces visiter un de ses amis, le Père Juvénal Ancina, dont nous avons déjà parlé. Celui-ci le

pria de monter en chaire, disant que c'était la coutume des anciens Evêques d'annoncer la parole de Dieu quand ils se visitaient les uns les autres. François condescendit au désir de son ami, il prêcha sur la vertu de la sainte Croix dont on faisait la fête en ce jour. Il avait fait son exorde en italien ; mais pendant qu'on récitait l'*Ave Maria*, Mgr. de Saluces l'envoya prier de prêcher en français, parce que le peuple de cette ville n'entendait pas encore l'italien, vu qu'il y avait peu de temps que le marquisat de Saluces avait été échangé avec la Bresse. Alors notre saint Prélat acheva son sermon en français ; il excita l'admiration de tous les auditeurs, qui ne savaient ce qu'ils devaient le plus estimer de la doctrine et de la sainteté, ou de la soumission et de l'humilité du saint Evêque. A la sortie de l'église, Mgr. de Saluces, voulant faire compliment à son ami sur son discours, lui dit gracieusement ces paroles qui, en latin, font une délicate allusion à son nom de famille : *Tu verè sal es*, Vous êtes le sel de la terre, comme le dit l'Evangile. François faisant allusion à son tour au nom de Saluces, répondit : *Imò tu sal et lux es, ego verò neque sal neque lux*, c'est-à-dire, C'est bien vous, Monseigneur, qui êtes le sel et la lumière tout ensemble ; pour moi je ne suis ni l'un ni l'autre. Depuis, ces illustres Prélats se servirent de ces devises quand ils s'écrivaient fraternellement.

3 mai.

1 août. Notre saint fondateur officia pour la première fois pontificalement dans sa cathédrale, le jour de saint Pierre aux liens. Son frère, Louis de Sales, l'ayant vu, après l'office, verser des larmes en abondance, pendant qu'il priait dans la chapelle de Saint-Pierre, voulut savoir la cause de sa douleur : *Hélas!* dit le saint Evêque, *je vois mon Eglise de Genève dans les liens de l'hérésie et du péché, au lieu d'avoir un Ange pour rompre ses liens et lui ouvrir les portes de sa prison, elle n'a que moi, votre frère, misérable pécheur, commis, malgré mon indignité, aux soins de cette Eglise.*

C'est dans les mêmes sentiments qu'il disait un jour à notre digne Mère : *Les liens de saint Pierre, auxquels mon église est dédiée, enchaînent étroitement mon cœur et le pressent de leurs étreintes; lorsque je vois que la divine Providence a permis que mon diocèse fût le siége de l'hérésie de Calvin, qui retient une infinité d'âmes dans les liens de l'iniquité, pour en faire autant de ministres de l'Hérode infernal.*

Le duc de Bellegarde, gouverneur de la Bresse et des autres pays échangés contre le marquisat de Saluces, étant venu dans le pays de Gex, fut si merveilleusement touché des vertus de notre Saint, qu'après avoir terminé les affaires du roi son maî- *11 août.* tre, il voulut faire à François une confession générale, et le supplia de lui tracer un règlement de vie. C'est pour ce Seigneur que notre Saint a fait le *Formulaire des confessions gnérales*. Rien de plus exact que ce qu'il lui prescrivit pour vivre en bon chrétien dans le grand monde. Tout en lui imposant de sévères obligations, il lui adressait les plus douces paroles : *C'est pour vous obéir*, lui écrivait-il, *que je vous appellerai désormais mon fils ; mais, sachez que vous serez mon fils Joseph par honneur et par reconnaissance respectueuse, et mon fils Benjamin par complaisance et par dilection*. Il insinuait ainsi dans l'âme de son fils avec le miel de la douceur, la myrrhe de la plus amère mortification chrétienne.

La seconde année de son épiscopat, François alla prêcher le carême à Dijon ; c'est là qu'il fit connaissance de notre digne Mère de Chantal : Dieu qui devait tirer sa gloire des rapports qui allaient s'établir entre ces deux belles âmes, avait pressé intérieurement notre saint fondateur de se rendre au désir du parlement et du peuple de Dijon : il avait aussi applani les obstacles élevés par la jalousie du duc de Savoie (voyez la vie de saint François, par Marsollier, livre 5). On peut dire que notre congrégation, est un fruit de ce voyage, François avoue lui-même l'attrait intérieur dont il ne savait se rendre compte, qui le poussa à aller prêcher le carême en Bourgogne : *Je n'ai jamais pu regarder les choses dans ce voyage, sous leur face naturelle, et mon âme était secrète-*

1604
3 mars.

31 janv.

ment déterminée à l'entreprendre par un pressentiment de l'avantage qui en résulterait pour le salut des âmes ; j'aimais mieux m'exposer à l'opinion et à la merci des bons, que de fuir tout-à-fait la dureté de la calomnie des méchants. J'espère que les jours suivants de ma vie jugeront les jours précédents, et que le dernier les jugera tous.

25 août. Quelques mois après, notre digne Mère fit au saint Evêque sa confession générale et son vœu d'obéissance qu'elle lui remit par écrit, elle en reçut les premiers règlements pour sa conduite. La prière et les bonnes œuvres devinrent les occupations et les plaisirs de cette sainte veuve ; elle renonça à tous les ornements superflus et à toutes les commodités de la vie, et plus d'une fois François admira la promptitude et l'abnégation de son obéissance. Quoiqu'elle eût depuis longtemps tout sacrifié pour le service de Dieu et du prochain, elle avait conservé l'habitude d'un commandement sévère et impérieux. Notre Saint s'appliqua surtout à lui inspirer de la douceur et des attentions affectueuses envers ses inférieurs ; ayant su que sa femme de chambre était obligée de se coucher tout habillée pour être plus promptement aux ordres de sa maîtresse, quand elle l'appelait dans la nuit, il l'en reprit vivement, disant que les domestiques sont nos frères, que si leur condition les humilie, il faut avoir de la bonté et de la considération pour eux ; que quant à lui, lorsqu'il avait des lettres à

écrire la nuit, il se faisait conscience de réveiller un valet ou un laquais, et qu'il allumait lui-même sa bougie par le moyen d'un fusil, qu'enfin ce pauvre prochain n'avait que faire de nos inquiétudes.

Les exercices qu'il lui donna écrits de sa main sont imprimés pour la plupart dans l'Introduction à la vie dévote. Ils formèrent notre sainte Mère à une méthode plus intérieure qu'extérieure, en supprimant une quantité de pratiques pénibles qu'elle s'était imposées et en leur substituant l'habitude de la présence de Dieu et de la soumission à sa volonté. Notre saint fondateur ne cessa pas de travailler à l'enrichir de toutes les vertus ; il continua dans ses lettres ce qu'il avait commencé par ses discours, et c'est dans sa correspondance que l'on trouve une foule de traits naïfs et touchants qui peignent si bien sa belle âme.

« J'ai visité, *lui dit-il*, le neuf de ce mois « (*août* 1605) l'église de Saint-Gervais ; je ne « saurais vous dire le contentement que j'ai « éprouvé parmis ces brebis cachées entre les « rochers ; je me suis fait raconter les histoires « de leur piété, de leur vie pure et retirée ; j'en ai « noté le recit pour en conserver la mémoire : je « vous avoue que je me plais à ces histoires villa- « geoises, parce que selon moi, c'est voir, comme « Moïse, le Seigneur dans un buisson ardent, que « de reconnaître les merveilleux effets de la divine « grâce dans ces âmes simples et de bonne « volonté. »

1605
9 août.

Une autre fois, comme il lui conseillait de négliger les importunités des petites tentations, de ne les combattre que par des actes d'amour et d'humilité, assurant qu'elles se retireraient d'elles-mêmes, il lui présenta ce conseil sous l'appât d'une parabole en lui racontant le fait suivant, qui lui était réellement arrivé. Un jour qu'il visitait l'église de Saint-Jean de Tortone, se trouvant las et harassé, il s'assit auprès d'une fontaine et se mit à parler à ceux qui étaient avec lui, de la fatigue de Jésus, de son repos mystérieux au bord du puits de Jacob, et de sa sainte conversation avec la Samaritaine. Tout-à-coup un essaim d'abeilles vint en bourdonnant voltiger autour de lui, et se poser sur sa tête et sur ses épaules. Tous les spectateurs effrayés ne savaient quel parti prendre, lorsqu'un bon vieillard dit au saint Evêque : *Ne faites aucun mouvement, ne cherchez pas à chasser ces mouches, continuez seulement à nous parler : le son de votre voix fera assez connaître aux abeilles qu'elles ne sont pas dans le silence de leur gîte ordinaire, et elles se retireront peu à peu sans vous faire aucun mal.* Le Saint obéit, et il arriva comme le vieillard avait dit.

Notre Mère de Chantal comprit facilement la comparaison qu'elle devait faire de ces abeilles avec les petites tentations.

Parmi les pénitentes de notre Saint était une bonne paysanne nommée Pierrette Bouteu ; cette

femme n'avait rien de précieux aux yeux des hommes, son directeur seul connaissait les mérites inappréciables dont son âme était ornée. Aussi lorsqu'il apprit sa mort il ne put s'empêcher de verser des larmes, comme on s'en étonnait et qu'on en faisait un sujet de raillerie : *Hélas!* dit-il, *cette bonne femme qui était si petite sur la terre, est grande dans le ciel; elle nous y servira, j'espère, d'avocate. A de telles gens appartient le royaume des cieux.* Ensuite il ordonna à un de ses prêtres d'écrire les principales actions de la vie et les circonstances de la mort de cette pieuse femme, et il écrivit à ce sujet à notre digne mère : « Je vous enverrai bientôt le recueil édi-
« fiant de la vie et de la mort d'une sainte villa-
« geoise de mon diocèse, qui en quarante ans a
« donné toutes les marques d'une vie parfaite,
« pour l'intérieur comme pour l'extérieur, c'était
« une Monique dans son ménage, une Magdeleine
« dans l'oraison. Ha! ma fille, à quoi tient-il que
« nous ne soyons saints parmi tant d'exemples do-
« mestiques et étrangers en la ville et aux champs?
« Tout nous prêche en faveur de la sainteté et
« nous n'y allons que fort lentement; je m'anéantis
« en moi-même dans cette pensée. Hélas! ma fille,
« disons avec saint Augustin, que faisons-nous?
« les ignorants et les grossiers s'élèvent devant
« nous et ravissent le ciel, et nous croupissons
« dans notre négligence. Au moins dans notre

« misère, soyons humbles, Dieu nous bénira et
« relèvera notre bassesse par sa miséricorde. »

1607.
4 juin.
Lorsqu'il eut suffisamment préparé l'âme de Mme de Chantal à l'exécution des grands desseins qu'il avait sur elle, il pria cette sainte veuve de venir le trouver à Annecy. Après avoir entendu sa confession, il sonda ses intentions pour la vie religieuse et la soumit à plusieurs épreuves : il lui proposa de se consacrer à Dieu dans un couvent de Sainte-Claire, puis de se faire sœur de l'hôpital de Beaune, et enfin carmélite. Elle consentit à chaque proposition avec autant de docilité que si elle n'eût point eu de volonté. Alors le saint évêque, charmé de sa soumission, lui dit : *Ce n'est ni là, ni là que Dieu vous veut, mais ici. Sa volonté est que nous commencions un institut pour les personnes à qui une faible santé ne permet pas d'entrer dans les ordres austères et qui ont une trop sainte vocation pour se contenter des ordres relâchés.*

L'exécution de cet utile projet fut renvoyée à l'époque où la sainte veuve aurait pourvu au sort de ses enfants. Avant que Mme de Chantal partît d'Annecy, la mère de notre saint évêque lui demanda sa fille aînée en mariage pour son frère le baron de Torens. La sainte intimité de ces deux veuves leur donnait un désir réciproque de cette

13 octob.
double alliance. Deux ans après, ce mariage fut béni par François, dans la chapelle du château de Montelon. La Providence avait ménagé cette

union pour faciliter à notre digne mère sa retraite hors du monde. Aussi l'affaire fut conclue le même jour en présence des parents assemblés : *Nous avons fait*, disait le saint évêque, *nous avons fait le même jour une union et une désunion : une union en bénissant le mariage des deux epoux et une désunion en séparant de ses enfants, de ses amis, et de ses biens, Mme de Chantal, qui a dit un éternel adieu au monde.*

Une vision avait déterminé notre saint fondateur à hâter l'établissement de l'Ordre de la Visitation. Il se promenait seul dans sa chambre, le soir du 23 août 1609, il se disposait par la méditation des saints mystères à la récitation du chapelet, lorsqu'il vit à ses côtés deux colonnes de feu qui répandaient une grande lumière et paraissaient suivre ses pas. Il se mit à genoux pour commencer sa prière. Alors les colonnes lumineuses se placèrent aux deux angles de son oratoire. Dans ce moment Louis de Sales, son frère, étant entré, aperçut deux clartés qui s'évanouissaient, et sentit une odeur suave qui embaumait toute la chambre. Il ne douta pas que François, qui lui parut tout ravi en Dieu, n'eût reçu quelque faveur céleste, et il le supplia avec beaucoup d'instances de le lui avouer. Celui-ci raconta naïvement ce qu'il avait vu. *Ah!* reprit Louis de Sales, *c'est sans doute un présage de la mort de quelqu'un de nos proches. Je ne le crois pas*, répondit

1609.
23 août.

5.

François, *c'est une grâce de Dieu qui m'encourage à commencer l'institut que nous avons résolu de fonder avec Mme la baronne de Chantal.* — Mais, répliqua son frère, *j'ai aperçu deux clartés, et vous ne me parlez que d'une seule chose.* — *L'autre colonne lumineuse*, poursuivit le saint prélat, *est, à ce que je crois, en faveur de Mgr. l'évêque Pierre Camus, qui m'a fait l'honneur de me choisir pour être son consécrateur; ce grand génie sera pour moi une lumière voisine, son diocèse joignant celui que je sers.*

Ce discours était à peine fini qu'un messager apporta des lettres par lesquelles François était supplié de se rendre à Belley, pour en sacrer le nouvel évêque.

16 octob. Lorsqu'il était sur le point de quitter Montelon, les nobles du pays et le peuple accoururent et le prièrent de leur annoncer encore une fois la parole de Dieu, il les satisfit pleinement par un discours plein de force et d'onction. Un gentilhomme et une dame de la campagne, hérétiques obstinés, qui étaient venus seulement pour rendre visite aux nouveaux mariés, et que la curiosité avait retenus au sermon du saint prélat, furent si touchés de la grâce, après l'avoir entendu, qu'ils se firent présenter à lui par Mgr. de Bourg, et abjurèrent entre ses mains. Il retarda son départ de deux jours pour affermir leur conversion, ce qui lui attira des reproches assez vifs de quelques-

uns des siens : c'était, disait-on, une imprudence de faire un si long séjour à Montelon, et d'entreprendre le rappel des brebis des autres pasteurs; l'évêque de Genève devait se contenter de son troupeau, dans lequel il y avait plus de besogne qu'il n'en pouvait faire. François, toujours égal à lui-même, répondit en souriant : *Apprenez une fois pour toutes que Jésus-Christ et le pape son vicaire, n'ont qu'un seul troupeau et une seule bergerie. Nous sommes tous et partout leur ministre et leur serviteur; il faut donc mettre la main à l'œuvre et travailler dans tous les lieux où nous trouvons quelque chose à faire.*

Ce fut le 29 mars 1610, que notre vénérable mère de Chantal quitta son pays, ses biens et sa famille pour venir à Annecy commencer notre congrégation, comme on peut le voir en détail dans la vie de cette sainte dame. Notre saint fondateur disait qu'il n'avait jamais offert une plus chère victime à la majesté de Dieu.

1610.
29 mars.

Avant de continuer le récit des conseils qu'il lui donna en qualité de première supérieure de la Visitation, nous allons placer quelques faits antérieurs que nous avons omis, pour ne pas interrompre ce qui regardait notre digne mère.

CHAPITRE V.

HEUREUX EFFETS DES PRÉDICATIONS DE CE SAINT ÉVÊQUE.

24 janv.   La parole de Dieu dans la bouche de François de Sales, avait un effet si puissant que ses sermons produisaient presque toujours des conversions remarquables. Nous allons joindre quelques exemples à ceux que nous avons déjà cités. En prêchant le jour de saint Timothée, il parla avec tant de chaleur et d'onction du zèle de ce saint évêque pour le salut des âmes, que tout l'auditoire fondit en larmes. Mme Louise de Châtel, épouse du sieur de Chamoisy, fut surtout vivement touchée : c'était une femme remarquable par sa beauté et ses brillantes qualités ; elle avait été élevée à la cour, la nature et la fortune l'avaient comblée de leurs dons; en un mot elle possédait tous les avantages que le monde estime. Les adulations dont elle était l'objet nourrissaient dans son âme l'esprit de légèreté et de vanité; mais dès qu'elle eut entendu le saint évêque, elle vint se jeter à ses pieds pour déplorer sa vie passée et se donner à Dieu sans réserve. Le saint prélat la reçut comme une brebis qui

venait des égarements du désert au bercail de la dévotion.[1] Il commença à lui donner par écrit des avis qui ont été les premiers crayons de *l'Introduction à la vie dévote* : c'est donc à cette pieuse dame que l'Eglise a la première obligation de cet admirable ouvrage. La protestation que Mme de Chamoisy fit après sa confession générale se conserve encore à Paris, dans l'église de......... M. de Loisel, chancelier de Sorbonne, et curé de cette paroisse, l'a fait enchasser parce qu'elle est écrite de la main de notre saint fondateur et signée par son illustre pénitente, comme le contrat irrévocable de son éternel divorce avec le monde.

Pendant qu'il visitait son diocèse, il passa cinq jours de l'octave de l'Assomption dans le bourg de Samoiens et il prêcha tous les jours sur la dévotion à Marie. Dans le premier discours, il considéra les nombreuses assomptions de la très sainte Vierge à la vertu et à la gloire. Un de ses auditeurs nous a raconté qu'après avoir disposé tous les cœurs à des sentiments de piété et d'amour, il s'était écrié en finissant son discours : *Ah ! mon cher peuple, Marie meurt d'amour, et nous vivons de haine, aussi elle monte aux cieux et nous descendons aux enfers.* A ces mots, la pensée des péchés de ce peuple confié à ses soins le fit fondre en larmes. Lorsqu'il descendit de chaire tous les auditeurs vinrent lui demander de les confesser et de les réconcilier avec Dieu. Il y employa les cinq jours suivants et une partie des nuits.

18 août.

19 août.   Le lendemain il commença son discours, selon l'usage, par le signe de la Croix, salua l'autel et prononça à haute voix ces deux mots : *Jésus! Marie!* puis il garda le silence ; il resta immobile, les mains jointes dans son bonnet carré qu'il tenait serré sur sa poitrine : on crut qu'il était ravi en extase. Enfin, il répéta : *Jésus! Marie!* et se livrant à une sublime inspiration, il entretint son peuple sur ces deux mots de vie et de salut, montrant la gloire de Marie en Jésus et l'amour de Jésus en Marie. Le clergé et le peuple en furent dans l'admiration. L'après-dînée, il consacra plusieurs heures à écouter les plaintes, les accusations et les défenses de tous les habitants qui voulurent soumettre leurs différends à son arbitrage, comme des enfants à leur véritable père.

29 août.   Quelques jours après, visitant l'église de Saint-Jean-Baptiste de Villard, il y prêcha sur la décollation du saint précurseur et contre les vices qui furent cause de ce crime : or, il y avait parmi les auditeurs, un homme de mauvaise vie qui avait dit avec serment que si l'évêque de Genève l'excommuniait, comme il l'en avait menacé, il renoncerait à la foi de l'Eglise romaine et se ferait calviniste : le discours du saint prélat changea ses dispositions. Plus heureux qu'Hérode, il crut au ministre de Dieu, et vint le trouver avec la volonté de lui obéir et de renoncer à ses désordres. En sortant du tribunal de la pénitence, l'ardeur de sa

contrition le porta à se frapper publiquement la poitrine et à demander à tout le peuple pardon de son libertinage et de ses scandales. Notre Saint l'embrassa, et s'adressant aux fidèles, il leur dit : *Réjouissons-nous, mes enfants, voici notre frère qui s'arrache lui-même l'œil et qui se coupe la main, selon l'Evangile, pour entrer dans le royaume des cieux. Voici un fils de l'Evangile, une âme de prédestination.* Puis l'appelant à lui : *Venez*, lui dit-il, *Monsieur, venez le béni de notre Père qui est aux cieux.* Il lui fit ensuite une exhortation paternelle, lui donna sa bénédiction et le retint quelques jours avec lui pour affermir sa conversion.

Une autre fois que notre saint fondateur avait fait un très beau sermon sur le pardon des injures, un hérétique qui y avait assisté et qui avait vu avec la plus grande peine l'heureuse impression produite par ce discours, vint insolemment dire à François : *Monsieur le prédicateur, vous prêchez tous les jours l'Evangile ; je voudrais bien vous le voir pratiquer.* — *Il est vrai*, dit le saint apôtre, *que la parole sans les œuvres n'est rien.* — L'hérétique répliqua : *Vous venez d'enseigner qu'après avoir reçu un soufflet sur une joue, il faut présenter l'autre pour en recevoir un second.* — *Oui*, répondit notre Saint, *j'ai dit cela, c'est le conseil de notre Evangile.* — *Eh bien*, ajouta l'hérétique, *si à cette heure je vous don-*

nais un soufflet, je voudrais bien savoir si vous me tendriez l'autre joue, pour en avoir un second. — Vraiment, dit notre Saint, *je sais bien ce que je devrais faire, mais je ne sais pas ce que je ferais ; du reste vous pouvez en faire l'essai.* L'humilité et la sagesse du prédicateur confondirent l'hérétique, il se retira plein d'estime et d'admiration pour lui et dans la suite il abjura l'hérésie entre ses mains.

17 mar. Les heureux effets produits par les discours de François, venaient de la grâce de Dieu, bien plus que des talents de l'orateur, aussi c'était dans la prière qu'il puisait son éloquence. Lorsqu'il commença son second carême à Annecy, il avertit son peuple qu'il célèbrerait toujours la sainte messe immédiatement avant son sermon, voulant passer de l'autel à la chaire, afin que ses paroles fussent détrempées dans le sang de l'agneau sans tâche et que par la vertu du saint sacrifice, il obtînt à ses auditeurs les lumières nécessaires. S'il ne pouvait pas prêcher lui-même, il assistait au sermon, disait ensuite la sainte messe, priant, disait-il, le soleil de justice d'échauffer les cœurs de ce peuple et de faire fructifier la semence évangéli-
13 avril. que que le prédicateur avait jeté dans les âmes. Il prêcha très souvent deux fois par jour, donna les saints Ordres, confessa tous ceux qui se présentèrent à lui et officia à toutes les cérémonies de la semaine sainte. M. Déage, son ancien gouverneur,

qui avait toujours conservé la liberté de lui dire son sentiment, lui fit observer qu'il y avait de l'indiscrétion de se prodiguer de la sorte, que s'il continuait ainsi, il épuiserait ses forces et abrégerait sa vie. Le saint prélat lui répondit en souriant : *Ah! M. Déage, vous seriez bien glorieux, si vous aviez un de vos disciples qui fût martyr et qui eût l'avantage de mourir en se consumant pour le service de Dieu et le salut des âmes; mais vous m'avez trop élevé en poltron pour que je vous procure une gloire devenue si rare dans notre siècle.*

Autant il avait de zèle pour prêcher avec simplicité et onction, autant il sentait d'éloignement pour les discours d'apparat : lorsqu'il fut obligé de faire l'oraison funèbre de la princesse Anne d'Est, 17 juin. duchesse de Nemours, mère du duc Henri de Savoie, il dit à un de ses amis qu'il avait beaucoup de répugnance à s'occuper de ces pièces de rhétorique, que si l'on n'y prenait garde, l'esprit profane se jetait souvent sur la flatterie et sur des louanges mensongères, indignes d'être prononcées dans la chaire de vérité. Il savait bien éviter cet écueil car il louait ce qui était véritablement louable et faisait valoir les actions pieuses des grands pour servir d'exemple aux petits.

Rien ne fut plus célèbre et n'a été raconté avec 1618. plus de détail que la conversion du duc de Lesdiguières. Notre Saint commença cette belle conquête l'an 1617, pendant qu'il prêchait le carême à Grenoble ; il l'acheva l'année suivante. Les ministres hérétiques, désolés des victoires que la grâce opérait par l'efficace de ses paroles, défendirent à leurs coreligionnaires d'aller l'entendre ; ils eurent soin de fixer leurs prêches et leurs prières à l'heure des sermons de François de Sales. Néanmoins la foule se pressait dans l'église catholique de Saint-André, et les temples des calvinistes étaient déserts. Le consistoire députa un gentilhomme à Lesdiguières pour se plaindre de ce qu'il assistait avec assiduité aux discours de l'Evêque de Genève. *La conduite de François de Sales*, répondit le duc, *est la plus forte preuve de la supériorité de sa religion sur celle de Calvin. Je n'ai encore vu ni prince ni gentilhomme parmi vous renoncer aux espérances de ce monde pour se faire ministre, et voici que le prêtre qui vient nous adresser la parole de Dieu est homme d'une haute naissance, Prince de l'empire romain, et rempli de l'esprit divin au point que l'on n'en a encore point vu qui pût lui être égalé.*

On vint avertir François de Sales que, pour arrêter le cours des conversions, les ministres huguenots étaient convenus de lui proposer une conférence publique où ils ne ménageraient ni leurs expressions ni leurs attaques : *Dieu*, répondit le Saint, *tirera sa gloire de ma confusion. Je suis disposé par sa grâce à supporter plus d'injures que ces messieurs n'en peuvent dire.—Mais, ajouta-t-on, voudriez-vous exposer votre qualité au mépris ? — Ah, répliqua-t-il, Jésus-Christ a bien voulu exposer sa divine personne, et nous savons qu'il a été rassasié d'opprobres. J'espère en sa grâce ; si nous sommes humiliés, Dieu sera glorifié.*

Le plus habile de ces ministres proposa en effet une dispute publique à notre Saint, et commença par une verbeuse déclamation pleine d'injures et d'invectives. L'homme de Dieu laissa parler ce grand discoureur sans l'interrompre. Mais après qu'il eût jeté son feu avec si peu d'ordre et de raison que les assistants en étaient indignés, il reprit toutes les parties de son discours, en fit ressortir toutes les fausses propositions, réfuta toutes les objections et confondit ce malheureux par la sagesse et la force de ses réponses. Quelquefois cependant ce ministre entêté reprenait la parole; alors le saint Evêque se taisait humblement et attendait que son adversaire fût las de parler pour reprendre la suite de son discours, avec autant de tranquillité que s'il n'avait pas eu à combattre un ennemi mal intentionné ; ce qui fit dire au premier Président, témoin de cette dispute, que François était éloquent jusque dans son silence. Le ministre abusait si visiblement de la patience du Saint, qu'on blâma celui-ci d'accorder trop de temps à un homme de mauvaise foi : *Hélas*, répondit-il, *il faut bien lui accorder quelque chose, et lui*

26 février.

laisser au moins le temps, puisqu'il n'a ni le droit ni la raison. Il est bon que chacun connaisse que nous n'avons pas dessein de le confondre ni de l'humilier, mais bien de le convaincre et de le convertir.

<small>25 février.</small> Un mari et sa femme, tous deux de noble condition, s'adressèrent au saint prédicateur pour être guéris d'un esprit de froideur qu'ils avaient l'un pour l'autre depuis quelques années; ses ferventes prières n'ayant pu obtenir de Dieu qu'il ranimât en eux le sentiment de charité qui devait les unir et qui avait fait leur bonheur dans les premières années de leur mariage, il jugea que la séparation était le seul moyen de mettre fin à leur peine. Ils acquiescèrent à ses avis : le mari se fit jésuite et servit Dieu dans cette sainte compagnie à la grande édification du prochain, pendant les dix-huit dernières années de sa vie. Le jour qu'il dit sa première messe il eut la consolation de donner à sa femme l'habit religieux et de recevoir ses vœux. Elle entra dans le monastère de la Visitation de Bellecour, à Lyon. Cette maison était alors sous la conduite de notre très honorée mère Marie de Blonay.

<small>27 février.</small> Un des amis de notre Saint avait fait tout ce qu'il avait pu pour le détourner de prêcher à Grenoble un second carême qui eut cependant des fruits excellents. Il l'avertit que l'on regardait comme une témérité de prêcher deux carêmes consécutifs dans une ville telle que Grenoble; que

les hérétiques s'en réjouissaient, parce qu'ils espéraient que ses redites mettraient au jour son ignorance : *Ceux qui m'accusent de témérité ont quelque raison*, répondit notre Saint, *je connais qu'ils sont hommes, parce qu'ils raisonnent humainement: si je voulais me prêcher moi-même, j'aurais sujet de craindre; mais ne voulant que Jésus et sa gloire, j'espère faire voir à tout le monde que notre Dieu est un fonds inépuisable.* Il eut un succès admirable, la conversion du connétable de Lesdiguière et de plusieurs autres, l'accroissement considérable de la piété chrétienne dans les âmes, et l'établissement du premier monastère de Grenoble furent les fruits merveilleux de ses prédications; c'est ici le lieu de citer quelques autres conversions opérées par les discours de notre saint fondateur à différentes époques de sa vie.

Le 12 février 1613, douze hérétiques nouvellement convertis avaient été réunis dans l'église de Saint-Dominique d'Annecy. Ils devaient après la célébration des saints offices être admis à la table du saint Evêque, en signe de joie et de réconciliation. François entretenait son nombreux auditoire des avantages de la communion spirituelle; il s'attendrissait à la considération de l'amour de Jésus-Christ anéanti pour nous dans le saint Sacrement de l'autel : tout-à-coup les fidèles remarquèrent l'émotion d'un pécheur public qui assistait au ser-

12 février.

mon; à mesure que le saint prédicateur, entraîné par l'ardeur de sa charité, devenait plus pressant, les larmes du pécheur coulaient plus abondantes; enfin, lorsqu'en terminant son discours il s'écria plusieurs fois : *Ah que tout le monde meure, s'il ne veut pas vivre en Jésus-Christ,* le pécheur se leva et se frappant la poitrine, demanda à haute voix pardon à Dieu et aux assistants de ses actions scandaleuses. Cette scène touchante fut suivie d'un autre sujet d'édification : un jeune hérétique que François de Sales avait catéchisé en particulier, fit abjuration entre ses mains. *Allons*, dit le saint Évêque à ceux qui l'environnaient, *allons nous asseoir au festin avec joie comme fit Jésus-Christ après avoir converti Matthieu qui était publicain et pécheur public.* Comme on lui demandait s'il était plus joyeux de la conversion du pécheur catholique que de celle des douze hérétiques, il répondit : *Je me réjouis également du retour des uns et des autres; mais la conversion des hérétiques m'est un plus grand sujet de consolation, ils reviennent de plus loin puisqu'ils n'avaient pas dans le cœur la vraie foi qui donne une plus grande espérance de salut.*

Pendant l'année qu'il passa à Paris, à la suite du Cardinal de Savoie, il vaquait constamment, comme nous l'avons déjà vu, au ministère de la prédication. Avant l'ouverture de la station du carême qu'il prêcha à Saint-André-des-Arts, il

14 janvier.

annonça la parole de Dieu dans l'Eglise de Sainte-Magdeleine, et prit pour texte de son sermon, ces paroles : *Christus factus est obediens, usque ad mortem, mortem autem crucis : Jésus-Christ a été obéissant jusqu'à la mort, et à la mort de la croix.* Après le sermon un hérétique vint le trouver dans la sacristie, et lui dit du ton d'une amère critique : *Le texte de votre discours était hors de saison; — c'est pour vous que j'ai parlé*, reprit le Saint en souriant, *on ne saurait trop prêcher l'obéissance et en donner de beaux modèles à ceux qui sont désobéissants à l'Eglise.* Ces paroles firent rentrer l'hérétique en lui-même, il pria François de Sales de l'instruire et renonça à l'erreur peu de temps après.

Un des plus beaux fruits de la prédication du carême, à Paris, en 1619, fut la conversion du gouverneur de la Fere. Ce valeureux guerrier, qui était retenu dans sa chambre par une infirmité, ayant entendu ce que les gentilshommes, ses amis, disaient des discours et des œuvres merveilleuses de François, témoigna le désir de le voir. Le saint Evêque alla le visiter. En le voyant entrer, le gouverneur lui dit : *Je suis bien sensible à l'honneur que vous me faites ; mais ne croyez pas me convertir à votre religion, ce serait faire un miracle plus grand que ceux qu'a jamais faits saint Pierre.* François lui répondit qu'il ne connaissait pas les desseins de Dieu sur lui, et de là il prit occasion de l'entretenir

13 février.

longuement. Le ministre Dumoulin que l'on regardait comme une lumière du parti huguenot, fit tous ses efforts pour empêcher cette conversion ; mais comme il refusa de disputer avec le saint Evêque en présence du gouverneur, celui-ci conclut qu'il défendait une mauvaise cause, et au bout de quinze jours de conférences, il abjura ses erreurs. Il reçut la santé du corps, et celle de l'âme. De retour dans son gouvernement, il persévéra dans la véritable foi, et, devenu apôtre à son tour, il ramena au catholicisme sa nombreuse famille. Cette conversion fut suivie de plusieurs autres, un calviniste fut convaincu par l'Ecriture sainte de la réalité du purgatoire ; un athée devint un modèle de foi et de pénitence.

Philippe Jacob qui avait été ministre du calvinisme, et s'était converti depuis peu, fut affermi dans la foi par la douceur du saint Evêque.

Tant de conquêtes n'enorgueillissaient point François de Sales; lorsqu'il recevait l'abjuration de quelques hérétiques, il en rapportait la gloire à Dieu et à ceux qui les avaient catéchisés. C'était un sujet habituel de dispute entre lui et M. André Duval, docteur de Sorbonne, grand serviteur de Dieu et ami intime de notre Saint. Ces deux illustres personnages se confessaient mutuellement, et se donnaient des avis spirituels pour leur conduite; chacun d'eux disait de l'autre : *Je ne suis pas digne de dénouer les cordons de ses souliers.* Ils travaillaient ensemble à la conversion des âmes et se renvoyaient mutuellement la gloire du succès : ce qui faisait dire à Vincent de Paul : *Voilà les disputes des Saints, ils s'humilient pour exalter leurs frères.*

On vint dire à François de Sales qu'il y avait dans les prisons de la capitale, un prêtre condamné à mort pour de graves désordres, qui ne donnait aucun signe de pénitence. Aussitôt il alla le visiter et passa une partie de son temps dans le cachot jusqu'à ce qu'il eût touché le cœur de ce malheureux, et qu'il l'eût disposé à souffrir avec résignation la mort en pénitence de ses péchés. Un évêque de ses amis lui ayant dit à cette occasion qu'il perdait son temps dans les prisons, et qu'il ferait mieux d'aller à la cour où il était attendu : *Ah! mon frère*, lui répondit l'homme de Dieu, *je fais ma cour au cœur de cet enfant prodigue, et je m'estimerais heureux si je pouvais le ramener à son père.* 14 février.

Le temps le mieux employé était selon lui celui qu'il consacrait à écouter et à ramener les pécheurs. Pendant qu'il faisait la visite de son diocèse, il fut retenu longtemps dans l'église de Saint-Jacques de Salanches, par un jeune gentilhomme qui vint se confesser à lui. Sa confession fut plusieurs fois interrompue par l'abondance de ses larmes, en sorte que le Saint et tous ceux qui étaient dans l'Eglise en furent attendris. Cependant on 24 juillet.

vint dire à François que les autres personnes se lassaient de l'attendre, que cette confession était trop longue et que le peuple serait contraint de s'en retourner. Le même message fut fait, mais inutilement, jusqu'à trois fois. Enfin il répondit en essuyant ses larmes : *Il vaut mieux que les quatre-vingt-dix-neuf brebis fidèles souffrent un peu, en attendant le pasteur, que s'il manquait de rapporter sur ses épaules celle qu'il est allé chercher au désert;* et il acheva tranquillement de confesser le pénitent.

CHAPITRE VI.

QUELQUES FAITS DE LA VIE DE SAINT FRANÇOIS DE SALES PENDANT SON ÉPISCOPAT. — SA CONDUITE DANS LES CALOMNIES.

La manière dont il termina les différends de préséance entre le clergé de Notre-Dame, et le chapitre de la cathédrale, prouve qu'il soutenait vigoureusement les droits de son Eglise. Cependant rien n'était plus pénible à son cœur que d'être obligé d'employer l'autorité pour obtenir une

10 mars. justice dont il aurait voulu confier les droits à la douce vertu de charité; il s'en expliquait ainsi lui-même à un magistrat, dans une circonstance où les syndics plaidaient contre le chapitre :

« Monsieur, mon cher frère tant aimé, depuis que
« je suis en cette charge d'évêque, rien ne m'a
« tant affligé que les mouvements indiscrets des
« syndics et habitants de......, contre mon chapi-
« tre contre lequel ils plaident, tâchez, je vous
« prie, de les accommoder amiablement. Ils ne
« veulent subir ni sentence, ni expédient ; ils mé-
« prisent tous mes avis et témoignent une passion
« furieuse contre les curés et les ecclésiastiques ;
« je suis donc affligé si cette violence n'est repri-
« mée, car elle ira en croissant tous les jours ;
« d'un autre côté, je suis affligé qu'on châtie les
« mutineries, parce que les mutins sont mes dio-
« césains et mes enfants spirituels. Néanmoins,
« tout bien considéré, il faut un peu d'affliction
« aux enfants, afin qu'ils se corrigent ; quand on
« voit que les remontrances n'ont servi de rien, il
« vaut mieux que je pleure leurs tribulations tem-
« porelles que s'ils se précipitaient dans les éter-
« nelles. Je ne désire rien, sinon que mon Eglise
« demeure dans ses droits et que ces gens demeu-
« rent dans leur devoir. »

On lui présenta un jeune homme pour qu'il lui *15 octob.*
donnât la tonsure cléricale, il le considéra longtemps sans lui dire un seul mot. Ensuite il lui
demanda s'il voulait embrasser l'état ecclésiastique. Le jeune homme répondit qu'il n'en avait
jamais eu le désir, mais que ses parents le voulaient
absolument et que pour leur complaire il venait

chercher la cléricature. Alors le saint prélat lui donna de saintes instructions pour vivre dans le monde et lui dit de se retirer. Les parents de ce jeune homme apprirent tout cela avec le plus grand mécontentement. Ils allèrent trouver François, et employèrent en vain les prières et les reproches pour obtenir qu'il accordât la cléricature à leur fils. Alors ils eurent recours à toutes les personnes qui pouvaient avoir quelque crédit sur l'esprit du saint Evêque, ils lui firent dire qu'ils ne contraindraient pas leur fils à s'engager davantage dans les saints ordres, qu'ils ne demandaient que la tonsure pour qu'il pût posséder un bénéfice fort riche dont il se déferait dans la suite, en faveur d'un de ses parents. Cela même affermit le saint prélat dans la résolution de ne pas consentir à leur désir. *Ah!* dit-il aux solliciteurs, *que vos raisons sont mauvaises! Pourquoi, puisque vous êtes mes amis, voulez-vous me pousser à commettre une si grande faute? J'aime mieux que vous murmuriez un peu contre moi, que si Jésus-Christ se fâchait de ce que je conduis à son autel des victimes forcées, tandis que sa grâce ne veut que des victimes volontaires. Laissez-moi, rien ne me déterminera à désobéir au grand apôtre qui nous défend d'imposer les mains imprudemment.*

13 juin. Il partit un jour d'Annecy pour aller à Thonon, sans avoir aucun motif d'entreprendre ce

voyage ; mais il s'y sentait poussé intérieurement par un mouvement du Saint-Esprit. Lorsqu'il fut arrivé, il comprit pourquoi Dieu lui avait inspiré ce désir. Toute la ville était scandalisée par la conduite de deux jeunes ecclésiastiques que le libertinage avait conduits à l'erreur. Ces malheureux, pour satisfaire plus facilement l'ardeur de leurs passions, s'étaient faits publiquement calvinistes. François chercha l'occasion de les voir et de se lier avec eux ; sa douceur, son affabilité aplanit tous les obstacles ; bientôt ses paroles ouvrirent les cœurs des coupables aux impressions de la grâce. Ces enfants prodigues qui n'avaient trouvé que la disette et le désespoir dans les régions de l'erreur, vinrent se jeter dans les bras du tendre père que Dieu leur avait envoyé. Il les caressa en 14 juin. ami, les instruisit en maître, les corrigea en pasteur, les traita en frères ; il les retint longtemps auprès de lui, et les ayant convertis et absous, il s'occupa d'assurer leur subsistance et de leur procurer un établissement. Il disait souvent : *Ce voyage de Thonon est un des plus heureux que j'aie fait en ma vie, non-seulement parce que le seul mouvement de Dieu m'y a porté, mais encore parce que le récit franc et naïf que ces jeunes prêtres m'ont fait de leur vocation et de leur chute, m'a donné de grandes lumières pour la direction des âmes, aussi bien qu'un salutaire et tendre avertissement dans ma vocation.* L'on voit que ce grand Saint faisait profit de tout pour son avancement spirituel.

5 juillet. Il venait d'achever la visite de son diocèse, lorsqu'il apprit qu'un religieux à qu'il avait rendu plusieurs services, avait envoyé au pape un mémoire contre lui : il l'accusait d'employer à entendre les confessions des femmes pieuses, à leur donner des directions particulières et à s'en faire des philothées, un temps qu'il aurait dû consacrer à la destruction des hérétiques et à l'organisation de son diocèse. Il se plaignait surtout de ce que le saint évêque n'avait pas soigneusement proscrit les livres hérétiques. Cette accusation fut très sensible au cœur de notre saint, il ne s'en ouvrit qu'à son frère Louis de Sales, et au président Favre, encore ne laissa-t-il sortir de sa bouche aucun mot de reproche contre son accusateur. Il écrivit au saint père avec respect et humilité, appuya sa justification de tous les procès-verbaux, de ce qu'il avait fait pour son diocèse; puis il attendit en paix la volonté de Dieu. Cependant il faut avouer qu'il ne put retrouver sa joie ordinaire avant d'avoir reçu une réponse de Sa Sainteté. Elle arriva enfin. Le souverain pontife témoignait à François le déplaisir qu'il éprouvait de s'être laissé surprendre, il l'assurait qu'il était pleinement justifié, ajoutant qu'il l'estimait comme son frère, et l'aimait comme son fils. *Je sens bien,*

disait notre Saint, en lisant cette réponse du successeur des Apôtres, *que je suis un véritable enfant du saint-siége, car il me semble que Dieu me rend la joie de son salutaire, et je ne sais comment je pourrais vivre, si je savais que le père de tous les enfants de Dieu fût irrité contre moi et mal satisfait de ma conduite.*

Je vais placer ici quelques autres circonstances où notre saint fondateur fut indignement calomnié. Sa charité et son humilité sortirent victorieuses et exemplaires de ces épreuves.

Le cardinal de Marquemont, archevêque de Lyon, qui était lié avec François de Sales par les liens de la plus sainte intimité et de la plus parfaite estime, lui avait conseillé d'obliger les religieuses de la Visitation aux vœux solemnels et à la clôture. Il se rendit à Annecy pour déterminer notre Saint à suivre ses conseils; il n'en fallut pas davantage pour fournir un prétexte aux calomnies des ennemis de François : ils l'accusèrent auprès du duc de Savoie de s'entendre avec l'Archevêque de Lyon, pour servir les intérets du Roi de France. Le gouverneur de la Savoie informa l'Evêque de Genève des mécontentements et de l'indignation de son souverain. Voici quelle fut la réponse du saint Prélat :

1615.
15 novembre.

« Monsieur,

« Je réponds à votre lettre du quatorze, que je

« reçois tout présentement ; je supplie Votre Ex-
« cellence de croire qu'en cette occasion je re-
« garde Dieu et les Anges, pour ne rien dire qu'à
« l'honneur que je dois à la vérité. Dès l'avéne-
« ment de Mgr l'Archevêque de Lyon en sa charge,
« il m'écrivit une lettre de faveur, parce que ce
« fut une lettre de charité, par laquelle il me con-
« jurait d'entrer dans une sainte amitié avec lui,
« à la façon des anciens Evêques de l'Eglise, qui
« n'avaient qu'un cœur et qu'une âme, et qui par
« la réciproque communication des lumières et
« des inspirations qu'ils recevaient du ciel, s'en-
« tr'aidaient à supporter leur fardeau, surtout
« lorsqu'ils étaient voisins ; et comme je suis plus
« ancien que ce prélat, il m'écrivit qu'il viendrait
« me visiter pour profiter de ce que l'expérience
« fait acquérir : il joignit à cela plusieurs paroles
« d'humilité et de modestie. Depuis il a toujours
« continué à vouloir me rendre cet honneur; mais
« pensant que je ne devais pas me laisser prévenir
« par lui, puisqu'il est le premier des Evêques de
« France, et moi le dernier de Savoie, j'allais le
« voir à Lyon, ainsi que votre excellence l'a su.
« Il a voulu me rendre cette visite à l'occasion de
« celle qu'il faisait dans son diocèse ; il n'est point
« venu en cachette, comme ont coutume de faire
« ceux qui traitent des affaires odieuses, mais à la
« vue de tout le monde ; il a amené avec lui huit
« hommes à cheval, entre lesquels il n'y avait de

« marque que son aumônier. Etant ici, je vous as-
« sure que nous n'avons ni fait, ni dit, ni pensé à
« faire aucun traité pour les choses de ce monde:
« il a fait deux excellentes prédications, et nous
« n'avons jamais parlé que de ce qui était con-
« forme à notre vocation. Vous ne m'obligerez
« pas peu d'en assurer Son Altesse royale ; je lui
« engage pour cela mon honneur et ma réputa-
« tion, et à Dieu ma conscience et mon salut. Je
« m'étonne que je puisse donner aucun om-
« brage, ayant vécu comme j'ai fait. Je me pro-
« mets de la faveur de Votre Excellence que Son
« Altesse royale demeurera pleinement satisfaite,
« et que rien ne se saura de cet ombrage qui affli-
« gerait ce grand prélat beaucoup plus qu'il ne
« m'afflige moi-même. La suite des temps et des
« évenements me fera connaître très assuré et
« très fidèle serviteur de Son Altesse royale à la-
« quelle je souhaite toutes sortes de prospérités, et
« à vous, Monsieur, les bénédictions du ciel. »

Après avoir fait cette lettre, notre saint Prélat demeura dans sa paix ordinaire attendant avec soumission ce qu'il plairait à la divine Providence d'ordonner.

La justification de François de Sales fut bien reçue de Son Altesse royale ; mais les espérances qu'il avait d'abord conçues de se voir, par l'innocence de sa conduite, à l'abri de tout soupçon furent encore trompées ; car l'année suivante de

1616.
6 mars.

6.

nouveaux rapports irritèrent l'esprit du Prince contre lui et surtout contre ses frères. Il jugea à propos d'écrire au duc de Savoie; mais il envoya sa lettre au président Favre, en le laissant libre de la remettre au Prince, ou de la suprimer comme il le jugerait à propos. Nous ferions tort aux dévots de ce Saint, si nous ne donnions ici la copie de ces deux lettres.

A Monsieur René Favre.

« J'ai passé quelques jours à Sales avec mes
« frères, et le saint temps du carême m'ayant
« rappelé en cette ville, j'ai trouvé de nouveaux
« avis sur la calomnie faite contre moi : je me
« jouerais de tout cela, si ce n'était que je vois le
« Prince en colère. Cela m'est très sensible, parce
« que j'ai savouré autrefois sa bonté. Est-il pos-
« sible que ce prince ait encore ajouté foi au rap-
« port qu'on lui a fait de mes frères, puisqu'il a
« déjà trouvé autrefois que ce n'était que des im-
« postures? Partout ailleurs c'est un crime de haïr
« son prochain, ici c'est un crime de m'aimer, et
« MM.rs les collatéraux, gens hors de repro-
« che, sont reprochés par l'autorité extraordi-
« naire, parce qu'ils m'aiment de l'amour qui est
« dû à tous ceux de ma sorte. Certes, mon cher
« frère, j'ai de la gloire d'être aimé de vous,
« mais Dieu et nos cœurs le savent seulement;
« car je ne veux pas que vous couriez fortune
« d'être disgracié pour l'amour de moi. Un jour

« viendra que m'aimer ne sera plus reproché à
« personne. »

A Son Altesse Royale le duc de Savoie.

« Je supplie très humblement Votre Altesse de 8 mars.
« me permettre la discrète liberté que mon office
« me donne envers tous. Les papes, les rois et
« les princes sont sujets à être souvent trompés et
« surpris par les accusateurs et leurs rapports;
« ils donnent quelquefois des écrits qui sont
« émanés par obreption et subreption; c'est pour-
« quoi ils renvoient à leur sénat et conseils afin
« que, parties ouïes, il soit avisé si la vérité y a été
« tenue, ou la fausseté proposée par les impétrants :
« les princes ne peuvent pas se dispenser de
« suivre cette méthode, y étant obligés sous peine
« de la damnation éternelle. Votre Altesse a reçu
« les accusations contre mes frères, elle a fait
« justement de les recevoir, si elle ne les a reçues
« que dans ses oreilles ; mais si elle les a reçues
« dans le cœur, elle me pardonnera, si étant non-
« seulement son très humble et fidèle serviteur,
« mais encore son très affectionné, quoique indi-
« gne pasteur, je lui dis qu'elle offense Dieu, et
« est obligée de s'en repentir, quand même les accu-
« sateurs seraient véritables; car nulle sorte de pa-
« roles qui soient au désavantage du prochain ne
« doit être crue qu'après un examen, parties ouïes.
« Quiconque vous parle autrement, Monseigneur,

« trahit votre âme. Que les accusateurs soient
« dignes de foi tant qu'on voudra, on ne doit pas
« les croire; mais il faut admettre les accusés à se
« défendre. » Ce saint Prélat ajoute plusieurs
autres raisons pour la justification des innocents;
et s'il a paru en mille rencontres un débonnaire
pasteur, il paraît en celle-ci un zélé défenseur de
l'innocence accusée.

1621.
24 octobre.
Il ne se donnait pas autant de mouvement quand il ne s'agissait que de sa propre réputation, il n'en voulait qu'autant qu'il en fallait pour la gloire de Dieu : c'est ainsi qu'il s'en expliquait à son frère, lorsqu'à son retour de Paris on lui fit savoir qu'on le blâmait de s'être mêlé d'un mariage et qu'on calomniait ses intentions. « On m'écrit de toute
« part que ces messieurs... me rasent la barbe de
« bien près, dans Paris, et que leur rasoir est
« fort tranchant. O vive Dieu! si ma réputation
« est nécessaire à son service, il saura bien m'en
« faire croître, et je n'en veux qu'autant qu'il sera
« requis pour sa gloire. » Il crut néanmoins devoir faire connnaître à ses amis en toute sincérité la manière dont la chose s'était passée; il le fit pour l'édification du prochain et par respect pour la vérité.

23 octobre.
« Je suis marri, écrivit-il à une autre personne,
« du soulèvement de tant de passions dans une
« affaire où j'en ai mis si peu; ceux qui me con-
« naissent savent bien que je ne veux rien ou

« presque rien avec passion, et que quand je fais
« des fautes, c'est par ignorance; je voudrais pour-
« tant regagner les bonnes grâces de ces messieurs,
« en faveur de mon ministère ; mais si je ne puis
« pas le faire, je ne laisserai pas d'y marcher dans
« l'infamie. » — « J'ai remis tous ces vents con-
« traires, écrivit-il à notre digne Mère, à la pro-
« vidence du Très-Haut ; qu'ils soufflent ou qu'ils
« s'apaisent selon qu'il lui plaira, la tempête ou
« la bonace me sont indifférentes. Ne soyez
« point, je vous prie, si tendre sur moi ; il faut bien
« vouloir que l'on me censure : si je ne le mérite
« pas d'une façon, je le mérite de l'autre. »

CHAPITRE VII.

DOUCEUR DE SAINT FRANÇOIS DE SALES, SA MODESTIE, SA BONTÉ, SES HEUREUSES REPARTIES.

La charité de notre saint fondateur lui avait appris non seulement à étouffer les longs ressentiments, mais encore à réprimer les premiers mouvements de la colère.

Un commandeur de Malte l'avait vivement sollicité d'accorder un bénéfice à un ecclésiastique de ses amis. Il apprit que le saint Evêque avait jugé son protégé indigne de remplir les fonctions de curé, et l'avoit définitivement refusé. Alors plein de colère, il entra brusquement et insolemment

1607.
2 septembre.

dans la chambre du Prélat, s'emporta en reproches, en menaces et en injures. Notre Saint l'écouta, son bonnet à la main, quoique le commandeur eût son chapeau sur la tête. Lorsque celui-ci eut fini son injurieux discours, il sortit brusquement sans donner au Saint le loisir de dire une seule parole. Les témoins de cette scène en furent indignés, et dirent qu'il fallait demander raison d'un semblable procédé, le Saint leur imposa silence : *Je dois au contraire*, leur dit-il, *savoir bon gré à cet homme de m'avoir ôté la parole et la peine d'opposer les raisons de la justice aux emportements de ses désirs*. M. son frère lui demanda en confidence s'il était bien possible que la colère ne l'eût point saisi en cette rencontre. Le saint Evêque qui ne savait ni feindre ni mentir, lui avoua qu'alors, comme en beaucoup d'autres circonstances, la colère bouillait dans son cerveau comme l'eau dans un vase mis sur le feu ; mais qu'avec la grâce de Dieu il resisterait toujours à cette passion, dût-il mourir de la violence de sa résistance ; que son naturel sanguin et colérique allumait souvent la colère dans la partie inférieure de son âme ; mais qu'il tâchait de ne jamais rien dire sous son influence ; que c'était l'ouvrage particulier de la perfection intérieure de suffoquer les passions et de les étrangler à leur premier abord, comme le jeune David égorgeait les lions et les ours qui venaient dévorer son troupeau.

Pendant que Mgr. de Marquemont était à Annecy, il eut l'occasion d'admirer tout à la fois la fermeté et la douceur de notre Saint. Un prêtre ignorant se présenta au concours pour obtenir un riche bénéfice. Il avait pour toute capacité une multitude de lettres de recommandation de la part du Prince et des Grands de la cour : le saint Prélat lui dit doucement que tout cela était bon et digne de respect, mais que son ignorance était un obstacle invincible, qu'il ne pouvait pas lui imposer un fardeau qu'il était incapable de porter. Cet ecclésiastique se voyant ainsi renvoyé, entra dans une si grande colère, qu'il n'y eut sortes d'injures ni de menaces qu'il ne vomît contre son pasteur. Celui-ci ne répondit pas un mot, il se contenta de lui dire : *Monsieur, retirez-vous doucement, c'est la passion qui parle; une autre fois ce sera la raison.* Le lendemain, lorsque le saint Prélat était dans sa stalle au chœur pour dire l'office, cet homme emporté fut assez hardi pour lui présenter un libelle diffamatoire : il le prit avec bonté et le mit dans sa poche. Depuis ce jour il s'appliqua soigneusement à servir cet homme, et finit par le gagner à force de patience et de bienfaits. Cette héroïque bonté fit passer en proverbe que *pour être favorisé de François de Sales, il fallait lui faire du mal, ou lui dire des injures.*

Un de ses amis lui donna avis qu'une personne qui lui en voulait, se vantait de l'avoir mis en colère; il répondit en riant: *Hélas! je suis un chétif homme; mais Dieu m'a fait la grâce, depuis que je suis pasteur, de n'avoir jamais dit parole de colère à mes brebis.*

Nous trouvons une nouvelle preuve de sa longanimité dans ses travaux pour réformer le monastère de Saint-Sixt (1) et dans les contrariétés que lui suscitèrent à cette occasion deux personnes de sa maison.

François avait reçu la mission de rétablir la régularité dans cette communauté. Il lui semblait que rien ne devait le retarder, quand il s'agissait de travailler pour la gloire de Dieu et le salut des âmes : il partit donc le 20 décembre par un temps des plus rigoureux. Les religieux qui auraient dû admirer son zèle et bénir sa venue, le reçurent très mal et le chargèrent d'injures, tellement qu'il se retira, attendant l'heure du Seigneur. C'était assez pour le moment d'avoir, comme l'Ange du ciel, troublé l'eau de la piscine. Il avait coutume de dire qu'il fallait travailler à l'œuvre de Dieu, à la manière de Dieu et non pas selon l'humeur de l'homme. *Dieu*, disait-il, *est patient et miséricordieux, il nous attend à pénitence, au lieu que l'homme est colère et prompt, il n'a souvent de la*

Nous pensons que ce monastère est celui que les auteurs de la vie de saint François de Sales ont désigné sous le nom d'abbaye de *Six.*

miséricorde que pour lui-même. Ceux qui avaient cherché à le détourner de ce voyage, le raillaient à son retour sur l'inutilité de son entreprise. Ils disaient qu'il était allé chercher des glaces et des neiges, gagner des rhumes dans le froid de ces montagnes, parce qu'il n'en trouvait pas assez à Annecy. *Eh bien!* dit notre Saint sans se fâcher, *il y a bonne semence en terre sous cette neige, le temps de la récolte viendra ; il faut faire comme nos laboureurs : tous leurs champs sont couverts de frimats; ils attendent pourtant le fruit de leur travail en patience : quand la neige sera fondue, nous ferons la moisson.* Il eut en effet cette consolation, la réforme de ce monastère fut entièrement achevée le 23 janvier 1618. Ce saint Prélat a eu toute sa vie à son service deux personnes qui constamment blâmaient toutes ses démarches et contrariaient tous ses desseins ; elles avaient de grandes vertus et une grande capacité, mais leur humeur était si aigre et si contrariante qu'elle était entièrement opposée à celle du Saint, et lui donnait ample matière pour exercer sa patience. Prévoyant les contrariétés qu'il aurait à en essuyer, un jour qu'il s'agissait d'une entreprise de piété, il dit à notre digne Mère : *Jacob et Esaü se battent aujourd'hui dans le sein de leur mère; mais un jour le Père céleste les bénira tous deux.*

Il est certain que François supportait les éloges plus impatiemment que les injures; c'est alors qu'il

1618. 23 janvier.

avait besoin de toute sa vertu pour dissimuler son mécontentement et ne pas perdre patience.

21 avril. Le Révérend Père de la Rivière, provincial de l'ordre des Minimes, avait prêché à Annecy le carême de l'année 1615. Dans le dernier discours, en prenant congé de ses auditeurs, il leur dit qu'étant obligé par la coutume de leur laisser quelques bouquets, il ne voulait point leur en présenter d'autres que leur très digne Evêque dont les vertus répandaient une odeur très agréable dans toute l'Eglise. Il alla ensuite dîner selon l'usage avec notre saint Evêque et fut fort étonné de le voir grave et gardant un profond silence: *Monseigneur, lui dit-il, vous paraissez si mortifié qu'on dirait que nous ne sommes pas au temps de Pâques. — Je suis mortifié*, répondit le grand Prélat, *de ce qu'après avoir prêché avec fruit tout le carême, vous avez tout gâté aujourd'hui en me flattant et en me louant avec exagération. Oh! que le Saint-Esprit nous fait une belle leçon, quand il nous commande de ne louer un homme qu'après sa mort! attendez donc, mon cher Père, attendez que je sois mort pour faire mon éloge.* Le digne religieux obéit à cette recommandation, il est le premier qui ait écrit la vie de saint François de Sales, après sa mort.

1618.
15 juin. Notre saint fondateur n'avait jamais voulu permettre qu'on fît son portrait; un peintre s'y prit d'une manière plus adroite que les autres. Il

s'adressa au confesseur de notre Saint. Celui-ci connaissant par où on pouvait vaincre son opposition lui dit avec vivacité qu'il était cause de plusieurs péchés véniels et des murmures que le prochain faisait sur sa résistance à se laisser peindre : *A la bonne heure*, dit François, *je consens que l'on prenne l'image de cet homme de terre ; mais que l'on prie, afin que je tire en moi l'image du Père céleste.* Un premier portrait fait à la hâte ne satisfit pas entièrement l'artiste, il avait besoin d'une séance plus longue, pour saisir plus exactement la ressemblance. Il se plaça dans une chambre de l'évêché, par où François devait passer, y étala plusieurs copies du portrait qu'il avait fait, et dès que le saint Prélat parut, il se jeta à ses genoux, le priant au nom de la charité et de la vérité, de lui accorder une séance, disant qu'il lui mettrait le pain à la main et l'empêcherait de mentir, parce que tous ceux qui lui achetaient des portraits lui faisaient jurer qu'ils étaient faits d'après nature : *Monseigneur*, ajouta-t-il, *je vous aime tant que quand je ne vous vois pas, je vous fais toujours plus beau que vous n'êtes.* François sourit et dit très gracieusement : *Je ne sais si votre raison est plus ingénieuse qu'ingénue, mais, quoi qu'il en soit, il ne faut pas pour cette fois que je sois opiniâtre.* Il s'assit et lui donna deux heures de son temps, le peintre lui ayant dit en s'en retournant : *Monseigneur, vous m'avez fait une grande aumône*, notre

Saint lui répondit : *Pour moi vous m'avez causé une grande mortification; mais je vous pardonne à condition que vous n'y retournerez plus.*

Cet acte de complaisance me rappelle plusieurs traits de bonté qui ne coûtèrent aucun effort à son âme aimante.

20 octobre. La fatigue qu'il essuya dans la visite des paroisses de Saint-Nicolas et de Saint-Blaise, l'obligea à s'arrêter à Saint-Gras-de-Musignan pour prendre du repos. De la chambre où il était couché, il entendit la conversation des étrangers réunis dans la salle voisine : un jeune homme tournait ses discours en ridicule, il plaisantait sur ce que l'Evêque de Genève, d'une complexion grasse et replète, était tombé malade à Saint-Gras, jouant ainsi sur le nom du lieu et l'embonpoint de François de Sales. Dire du mal de notre Saint était comme nous avons déjà eu l'occasion de le remarquer, un motif pour devenir l'objet de sa tendresse. Il appela son aumônier, se fit répéter les paroles de l'étranger, et pria qu'on l'introduisît dans sa chambre ; après les premières formules d'honnêteté la conversation tomba sur les maladies et leurs divers traitements.

François ayant reconnu que ce jeune homme se connaissait un peu en médecine, prit de là occasion de le disposer favorablement. Il le pria de lui tâter le pouls, et lui demanda ses conseils ; enfin il lui témoigna tant de confiance que le jeune homme lui dit avec attendrissement : *Monseigneur, je crois que vous avez le don de lire au fond des cœurs. Je suis le fils d'un médecin de Genève; j'ai été envoyé par nos ministres pour épier vos démarches et savoir ce que vous venez faire dans ces villages.* — *J'y viens, mon fils,* lui dit le Saint, *chercher mes brebis et vous en êtes une.* Puis il l'embrassa tendrement. Le jeune homme ne put résister à cette tendre charité ; il tomba aux genoux de son Evêque, le pria de dissiper ses doutes et de lui enseigner la voie de Dieu. Son cœur était gagné, il fallut peu de temps pour éclairer et convaincre son esprit. Après avoir passé dix jours avec François de Sales, il abjura publiquement l'hérésie dans l'Eglise de Notre-Dame de Brénod, entre les mains du saint Prélat. celui-ci lui donna des lettres de recommandation pour Paris où il trouva un heureux établissement.

Pendant que notre saint fondateur était à Paris, il lui arrivait souvent de prêcher plusieurs fois par jour, parce qu'il ne pouvait se décider à refuser ceux qui l'en priaient.

1619.
9 juillet.

Le Révérend Père Etienne Binet, provincial des Jésuites, son condisciple et son ami, lui dit un jour avec la liberté que donne une ancienne intimité : *Vraiment, Monseigneur, permettez-moi de vous dire que vous faites deux grandes fautes, parmi beaucoup de vertus que vous pratiquez.* — *Eh bien!* dit François de Sales, *avertissez-moi charitablement de mes défauts, afin qu'avec l'aide de Dieu, je m'en corrige.* — C'est, répondit le Père, *que votre condescendance vous porte à faire deux prédications en un jour ; par là vous faites un grand préjudice aux autres prédicateurs et à vous-même; aux autres, parce qu'ils ne peuvent prêcher deux fois comme vous, et ainsi on les croit malhabiles au métier ; à vous-même, parce que vous ruinez votre santé.* Le saint Prélat souriant, lui dit : *Mon Père, vous avez raison, mais que voulez-vous ? c'est mon humeur qui me porte à la condescendance, je trouve le mot de* non *si rude au prochain que je n'ai pas le courage de le prononcer, surtout lorsqu'on me demande des choses faisables et raisonnables. Je ne demande jamais à prêcher ; mais aussi je ne saurais éconduire ceux qui m'en prient et qui m'invitent à publier les louanges de Dieu, de la sainte Vierge et des Saints.*

[en marge : 31 juillet.] Quelques jours après le même Père le pria de prononcer le panégyrique de saint Ignace, dans l'église de la compagnie ; mais *à condition*, ajouta-t-il, *que vous ne prêcherez qu'un sermon ce jour-là.* Le Saint se mit à sourire et lui dit : *en vérité, mon Père, dans la réserve que vous imposez, vous faites tort au Saint et au prédicateur ; au premier, parce que le sujet est si abondant qu'il pourrait fournir matière à plusieurs sermons; au second, parce que vous ne voulez pas lui laisser l'occasion et l'obligation de se remplir l'esprit et le cœur des vertus et des maximes du Saint, afin de les annoncer aux fidèles.*

Notre saint fondateur après avoir officié et prêché dans l'église des Cordeliers d'Annecy le jour de saint Bonaventure, en rentrant chez lui sur les quatre ou cinq heures du soir, reçut la visite de deux Pères capucins, qui lui dirent un petit mot de plainte sur ce qu'il avait été tout le jour aux Cordeliers et n'avait point honoré leur église de sa présence. *Vous avez raison*, dit notre saint Prélat, *mais il est encore temps.* Puis prenant promptement son camail et son rochet, il alla aux Capucins donner la bénédiction, et il fit à ces bons Pères et au peuple une exhortation fort touchante. Ces saints religieux voulant lui témoigner leur reconnaissance et lui faire leurs excuses de la fatigue qu'ils lui avaient causée, il leur dit avec bonté : *Ne saviez-vous donc pas, mes bons Pères, que je suis sans distinction de l'ordre de Saint-François et que j'y tiens par un double lien, j'ai été nommé François-Bonaventure sur les fonds sacrés du Baptême, et depuis vous m'avez encore mis sous la protection de votre fondateur, en m'affiliant à votre saint ordre.* C'était sans doute pour ces raisons qu'il affectionnait spécialement les religieuses de Sainte-Claire. Quoique leur monastère d'Annecy soit sous la juridiction des Cordeliers, et indépendant de celle de l'Evêque,

1618.
14 juillet.

François de Sales ne laissait pas de les visiter souvent ; il leur faisait beaucoup d'aumônes, et choisissait leur église pour donner les saints ordres, afin que le luminaire leur restât. *Je ne me soucie pas*, disait-il, *de l'autorité, je ne veux que la dilection et la charité des âmes. Dieu me fait la grâce de me plaire avec tous ceux qui l'aiment.* Il prêchait régulièrement dans leur Eglise, le jour de sainte Claire et celui de la fête de Notre-Dame des Anges. Cette dévotion lui était grandement chère. Il avait visité dans ses voyages d'Italie l'église de la Portioncule ; il disait qu'après la sainte chapelle de Lorette et les sépulcres de saint Pierre et de saint Paul, ce lieu était celui où il avait reçu les dons intérieurs les plus précieux et les plus sensibles. Il célébrait cette fête, comme un véritable enfant de saint François d'Assise.

12 août.
2 août.

La modestie de notre saint fondateur prenait un nouvel accroissement des honneurs qu'elle lui attirait. L'Archevêque de Turin avait oublié de lui déférer l'honneur du camail, un jour qu'il prêchait dans la cathédrale de cette ville en présence du duc de Savoie. Il parut en chaire avec le rochet et l'étole seulement. Aussitôt Son Altesse royale se plaignit amèrement à l'Archevêque de ce qu'il souffrait que l'Evêque de Genève prêchât sans les marques de sa dignité, et fût ainsi confondu avec les simples prêtres du diocèse. Il ne se contenta pas des excuses que le Prélat lui donna, il

1613.
5 mai.

exigea qu'il ôtât son camail et l'envoyât de suite à François de Sales. Un des ecclésiastiques assistants le lui porta. Alors notre Saint interrompit son sermon, se tourna du côté de l'Archevêque, lui fit un profond salut et lui dit : *Monseigneur, je ne mérite pas cet honneur, mais je l'accepte pour vous obéir.* Il baisa le camail, se le mit, puis continua son sermon pendant lequel Mgr. l'Archevêque de Turin resta en habit de simple chanoine. Le discours fini, notre saint fondateur quitta le camail avant de descendre de la chaire et alla le rendre de sa propre main au prélat, en prononçant des paroles si humbles, que celui-ci en fut confus, et tous les assistants édifiés. Aussi disait on : Tout prêche en ce saint Evêque, jusqu'à ses vêtements.

1619.
26 septembre.

Le fait suivant prouve quelle était son obéissance pour les Evêques dans le diocèse desquels il se trouvait. Il présidait le chapitre des sœurs de la Visitation à Bourges, et leur faisait l'entretien spirituel, lorsqu'on vint l'avertir que l'Archevêque le demandait. Il se tut aussitôt, laissant son discours inachevé, et se disposa à quitter l'assemblée. Toutes les sœurs le supplièrent de finir son exhortation, de leur accorder au moins un demi-quart-d'heure ; lui faisant observer que Mgr. de Bourges ne le trouverait pas mauvais ; qu'il ignorait quelles étaient ses occupations, au moment où il le faisait appeler ; que s'il en était instruit, il serait le premier à le prier de ne pas les interrompre. A toutes leurs instances et leurs raisons, le saint Evêque répondit : *Mes chères filles, je suis sur les terres d'autrui; il faut que j'obéisse.*

Les réponses de notre saint fondateur ont toujours eu le mérite de venir à propos ; on voit qu'il avait l'esprit de saillie, mais que sa grande douceur en tempérait la rudesse.

17 décembre. Quelqu'un paraissait étonné de ce que son confessionnal était placé à la porte de l'église et lui en demandait la raison : *Elle est bien simple,* répondit-il, *la mort entre par les fenêtres et le bon pasteur par la porte. D'ailleurs c'est à la porte que celui-ci doit se tenir pour appeler ses brebis et les recevoir au bercail.*

8 février. Un jour on vint lui dire, au moment où il montait en chaire, que sur le refus qu'il avait fait de signer un monitoire, le magistrat avait ordonné de saisir son temporel : *Voilà un signe,* répondit-il, *que Dieu veut que je sois tout spirituel.* Il prêcha ensuite avec la même présence d'esprit, et ce sermon fut suivi de la conversion de deux hérétiques qui, ayant entendu l'avis qu'on lui avait donné, se disaient, saisis d'admiration : *Il n'est pas possible qu'un homme si dégagé de la terre ne soit pas un homme du ciel : celui-là est possédé de l'esprit de Dieu puisque les possessions humaines ne le possèdent pas : donc il faut embrasser la religion qu'il enseigne.*

5 août. En visitant les paroisses de son diocèse, il ar-

riva sur l'une des plus hautes montagnes du Faussigny, dans un village toujours couvert de neige ; il dit agréablement aux habitants qu'ils devaient se mettre sous la protection de Notre-Dame-des-Neiges et bénir Dieu de leur avoir donné des cœurs brûlants de piété et doux à sa volonté dans des lieux âpres et couverts de glaces que le soleil ne fondait jamais. Il ajouta que pour lui il reconnaissait que les trois enfants dans la fournaise avaient raison d'inviter les glaces et les neiges à louer le nom du Seigneur.

Un jeune homme qui soutenait publiquement une thèse de philosophie, ayant été mis dans l'embarras par l'argument captieux d'un avocat, et l'ecclésiastique, homme d'un âge très avancé, qui présidait à la conférence, n'ayant pu résoudre la difficulté, le S. Evêque vint à leur secours par une distinction fort judicieuse : *Vous faites là*, dit l'avocat avec chaleur, *une distinction inouïe.* — *Il se peut faire*, répondit François de Sales, *que vous ne l'ayez pas encore ouïe ; mais vous ne direz pas de même à l'avenir.* Après la séance, le président alla le remercier de ce qu'il avait sauvé l'honneur d'un pauvre vieillard qui avait oublié les subtilités de l'école : *Monsieur*, lui répondit-il, *vous ne me devez pas de remerciments, c'est une règle de la divine Providence et une obligation pour un évêque de venir au secours de la faible enfance.* Il voulait sans doute lui faire entendre

4 avril

par là que, connaissant sa faiblesse, il n'aurait pas dû se charger d'une fonction qu'il était incapable de remplir.

Il voulait avant tout que la conversation fût simple et sincère ; et comme on lui disait que Jésus avait recommandé à ses disciples d'être simples comme la colombe et prudents comme le serpent : *Je ne voudrais pas*, répondit-il, *pour unir ces deux qualités, donner la simplicité au dernier; car il ne laisserait pas d'être un serpent ; mais je voudrais au contraire donner sa prudence à la colombe, car elle ne laisserait pas d'être douce et belle. Pratiquons donc*, concluait-il, *la simplicité sœur de l'innocence et fille de la charité.*

CHAPITRE VIII.

FAITS RELATIFS A L'ORDRE DE LA VISITATION. FRAGMENTS DE QUELQUES LETTRES DE SAINT FRANÇOIS DE SALES A MADAME DE CHANTAL.

1610.
6 juin.

Ce fut le sixième de juin de l'année 1610, jour de la fête de la sainte Trinité, et de saint Claude, que Madame de Chantal, les Demoiselles Favre et de Brechar, sous la conduite de François de Sales, commencèrent l'établissement de l'ordre de la Visitation. Les premières règles de cette institution n'obligeaient à la clôture que l'année du

noviciat; la forme de l'habit n'était pas changée, seulement il devait être noir. les austérités corporelles étaient remplacées par la mortification intérieure. La principale obligation des religieuses était la visite des infirmes, et des œuvres de charité. Dès la première année, Madame de Chantal reçut dix prétendantes, nombre considérable pour une congrégation à peine formée. L'année suivante le premier monastère d'Annecy fut ouvert; et le 10 juin notre saint fondateur donna à nos très honorées Mères, le règlement pour la visite des malades. Le même jour il écrivit à Madame de Chantal le billet suivant : « Bonjour, ma chère
« fille, un accommodement qu'il me faut faire ce
« matin, me prive de la consolation d'aller voir
« mes chères brebis, et de les repaître moi-même
« du pain de vie. Voilà M. Roland qui va
« suppléer à mon défaut, toutefois il n'est pas
« assez bon ménager pour vous porter la pensée
« que Dieu m'a donnée cette nuit, que votre maison
« de la Visitation est, par sa grâce, assez noble et
« assez considérable pour avoir ses armes, son
« blason, sa devise et son cri d'armes. J'ai donc
« pensé, ma chère Mère, si vous en êtes d'avis,
« qu'il faut prendre pour armes un cœur percé
« de deux flèches, enfermé d'une couronne d'é-
« pine, surmonté d'une croix où seront gravés les
« saints Noms de Jésus et de Marie. Ma fille, je
« vous dirai à notre première entrevue mille

1611.
10 juin.

« petites pensées qui me sont venues à ce sujet ;
« car vraiment cette congrégation est un ouvrage
« du cœur de Jésus et de Marie : le Sauveur mou-
« rant nous a enfantés par l'ouverture du sacré
« Cœur ; il est donc bien juste que notre cœur
« demeure, par une soigneuse mortification, tou-
« jours environné de la couronne d'épines qui
« demeura sur la tête de notre divin chef, tandis
« que l'amour le tint attaché sur le trône de ses
« mortelles douleurs. Bonjour encore un fois, ma
« fille, j'aperçois entrer nos deux plaideurs qui
« viennent interrompre la paix de mes pensées. »

1612.
21 novembre.

Il choisit le jour de la Présentation de la sainte Vierge au temple pour être celui du renouvellement de nos vœux. Il régla que cette fête serait précédée de cinq jours de retraite.

1613.
9 mars.

Il avait eu d'abord l'intention de donner aux Dames de la congrégation le nom de sœurs *Oblates* de Sainte-Marie. Cette dénomination lui plaisait, parce qu'elle exprimait bien l'offrande que ces illustres Dames avaient faite de leurs corps et de leurs âmes pour le service de Dieu. D'ailleurs c'était le nom que sainte Françoise avait donné aux religieuses du célèbre monastère *des miroirs*, qu'elle avait fondé à Rome. Or, notre saint fondateur était extrêmement dévot à cette Sainte ; il recommandait aux femmes mariées de lire sa vie, et ne manquait pas de la proposer fréquemment pour modèle aux personnes de condition. Il la choisit pour une des patronnes de son

institut ; mais comme le mot d'*Oblates* n'était pas reçu en France, il écrivit à notre Mère de Chantal : « Oui, ma chère fille, oui, sans opiniâtreté, nous
« changerons le nom de sœurs *Oblates*, puisqu'il
« déplaît à nos messieurs. Mais nous ne change-
« rons jamais le dessein et le vœu éternel d'être à
« jamais les très humbles servantes de la Mère de
« Dieu ; renouvelez-en la promesse en votre
« communion, j'en ferai de même au saint sacri-
« fice de la messe. Hélas! il y a aujourd'hui douze
« ans que j'eus la grâce de célébrer dans le mo-
« nastère de cette sainte veuve romaine, avec
« mille désirs de lui être dévot toute ma vie.
« Comme elle est notre sainte patronne, il faut
« qu'elle soit notre modèle. Elle aimait bien autant
« son Baptiste que vous aimez votre Celse-Bénigne;
« mais elle laissa à Dieu l'entière disposition d'en
» faire à sa volonté, et il en fit un enfant de salut.
« Ainsi je l'espère de l'enfant de ma très chère
« Mère. »

Il eut ensuite l'intention de leur donner le nom de filles de sainte Marthe, hôtesse de Jésus-Christ. Ce titre déplaisait à notre Mère de Chantal, bien qu'elle n'en témoignât rien. Enfin il alla la trouver un beau matin et lui dit que la congrégation serait définitivement sous le vocable *de la Visitation de la ste Vierge*, afin qu'elle fût entièrement dévouée au service de la grande Reine du ciel. A cette occasion, il disait : *L'humble Marthe est toujours la*

29 juillet.

bonne et respectueuse servante du Seigneur, elle cède à la sainte Vierge Marie le nom de Mère des filles de la Visitation, comme elle cédait autrefois sa place à sa sœur Marie. Il ajoutait dans une lettre à Madame de Chantal : « Aujourd'hui, fête de
« sainte Marthe, je me suis trouvé en esprit au
« logis de cette sainte hôtesse de notre Seigneur.
« J'ai eu fort envie de répondre à sa plainte sur le
« repos de sa sœur Magdelaine et pour régler ce
« différend, j'étais d'avis que Marthe s'arrêtât à
« son tour aux pieds du Sauveur, et que Marie
« allât à sa place apprêter le reste du souper. Je
« crois que notre Seigneur eût trouvé très bon
« que ces deux sœurs eussent partagé le repos et
« le travail : mais de laisser notre Seigneur tout
« seul, vraiment je n'y puis consentir. »

Lorsque tout semblait devoir favoriser l'institut naissant, il s'éleva de toutes parts de nouveaux obstacles. Le prince et les simples particuliers semblèrent conspirer pour renverser l'œuvre de de notre saint fondateur; il ne put s'empêcher d'avouer à un de ses amis qu'il avait à souffrir des indignités cruelles. Comme les auteurs de sa vie les ont amplement rapportées, nous nous contenterons de citer un seul trait qui fit briller sa patience et sa douceur.

1614.
26 juin.
Un jeune gentilhomme aimait passionnément une dame de qualité, que l'esprit de Dieu avait conduite au monastère de la Visitation. Ce gentilhomme

persuadé qu'elle n'avait fait cette démarche qu'à la sollicitation de François de Sales, vint le trouver, et vomit contre lui toutes les injures imaginables. Le Saint l'écouta avec une tranquillité admirable, et lui dit : *Monsieur, ayez la patience d'examiner la chose, vous verrez que je n'ai pas été le conseiller de cette dame, mais seulement l'approbateur du choix qu'elle a fait.* Le jeune homme, aveuglé par sa passion, criait encore plus fort. *Monsieur,* lui dit François de Sales, *vous m'obligeriez de me dire tout bas toutes les injures qu'il vous plaira, je vous proteste que je les porterai toutes au pied du crucifix, et que personne n'en saura rien.* — *Je suis bien aise,* reprit le jeune homme, *que tout le monde sache et connaisse le peu d'estime que je fais de vous.* — *J'en serais moi-même bien satisfait,* dit l'humble prélat, *si mon mépris tournait à votre louange.* Enfin le gentilhomme termina en disant qu'il briserait les portes du couvent, qu'il en retirerait la dame, et qu'ensuite il y mettrait le feu. François de Sales lui répondit alors avec vigueur : *Monsieur, vous en dites trop et vous n'en ferez rien : Dieu et la justice sauront réprimer les mauvaises actions.* Sur cela le cavalier sortit brusquement. François de Sales envoya aussitôt donner ordre à notre digne Mère de faire coucher la dite dame dans la chambre la plus éloignée de la rue, de tenir des lampes allumées proche des fenêtres, ajoutant que, ces précautions prises, on pouvait reposer en Dieu sans aucune crainte. Les gens du gentilhomme ne manquèrent pas de servir sa passion, et depuis onze heures du soir jusqu'à deux heures du matin, ils frappèrent à la porte du monastère, brisèrent les vitres à coups de pierres, et vomirent mille insolences. Dès le matin on raconta tout au saint Evêque : *Remercions Dieu,* dit-il, *dans tout cela, il n'y a que le son des cymbales que le vent emporte; mais une chose que vous ne savez pas, c'est que le jeune homme est plus en colère contre la dame que contre moi; car il croyait qu'au moins elle aurait mis la tête à la fenêtre pour le prier de se retirer. Il a attribué son silence au mépris, et il en a été tellement choqué, qu'il m'a fait dire qu'elle était une orgueilleuse, et qu'il n'en voulait plus.*

Après les jours d'adversité, Dieu consola notre Saint, et montra que l'institut de la Visitation lui était agréable en lui donnant de suite de très grands accroissements. Tant de villes demandèrent à nos saints fondateurs de leur envoyer des religieuses que François de Sales fut obligé de refuser ; car il avait pour maxime qu'il ne fallait donner que de son superflu : il craignait de tarir la source en la divisant en plusieurs ruisseaux. Cependant il céda aux désirs de l'archevêque de Lyon, Denis de Marquemont, homme d'une éminente piété et d'une grande doctrine. Il se rendit donc à Lyon pour s'entendre avec l'archevêque et avec Mme d'Auxerre, qui voulait fonder le monastère dans le vaste enclos qu'elle possédait à Bellecour. La fondation de cette seconde maison de la Visitation causa un changement notable dans les constitutions de l'ordre : le cardinal de Marquemont craignant que la dissipation et plus tard le relâchement ne s'introduisissent parmi de jeunes dames nobles que la visite des malades obligerait de sortir de leur couvent et de parcourir la ville, détermina François de Sales à donner à ses filles la règle de saint Augustin, avec l'obligation de la clôture et des vœux solemnels: dès-lors la congrégation de la Visitation devint un ordre religieux soumis à l'autorité de l'évêque et des ordinaires de chaque lieu.

Ce fut au commencement de l'année 1615, que nos Mères Favre, de Châtel et de Blong, partirent d'Annecy accompagnées d'un grand-vicaire de Mgr de Marquemont. Elles arrivèrent à Lyon la veille de la Purification de la sainte Vierge, et furent reçues par Mme d'Auxerre dans la maison qu'elle leur avait fait préparer à Bellecour ; elles reçurent quelques mois après la visite de notre saint fondateur, il prononça lui-même le discours pour la prise d'habit de plusieurs demoiselles nobles, qui s'empressaient de se consacrer à Dieu dans le nouvel institut.

1615. 28 janvier.

2 juillet.

Bientôt les principales villes de France tinrent à honneur d'avoir une maison des filles de la Visitation. Notre saint fondateur établit lui-même celle de Grenoble, pendant qu'il prêchait le carême dans cette ville. Voici comme il en écrit à

1618.
11 mars. la Mère de Chantal : « Enfin, ma très-chère fille,
« nous venons de conclure avec nos bonnes Dames
« l'établissement de notre monastère. Tout le
« monde applaudit à ce dessein ; notre bonne
« Dame la présidente Leblanc a une sainte ar-
« deur pour cela; et moi j'espère que Dieu bénira
« ses intentions, si nous sommes si heureux que
« de nous humilier comme il faut devant celui qui
« veut bien se glorifier en notre petitesse. Je
« vous prie, ma très chère Mère, de préparer
« doucement nos petites abeilles pour faire une
« sortie au premier beau temps, et venir travailler
« dans la nouvelle ruche, pour laquelle le Ciel
« prépare bien de la rosée. »

12 mars. Le jour suivant, il lui écrivit sur le même sujet le billet suivant : « Ma chère Mère, ce ne sera
« qu'un billet que vous recevrez de moi. Dieu
« me partage à mille choses et ne laisse pas de me
« tenir dans la sainte unité que sa main a faite en
« nous. Je ne vis jamais un peuple plus docile que
« celui-ci, ni plus porté à la piété : surtout les
« Dames y sont très dévotes; car ici comme ail-
« leurs les hommes laissent aux femmes le soin
« du ménage et de la dévotion. Douze des pre-
« mières de la ville se sont rendues mes filles, et

« travaillent pour établir ici une maison de notre
« petite Visitation. Mgr l'évêque et messieurs du
« parlement n'y témoignent aucune répugnance,
« ni moi aucun empressement, quoiqu'à dire
« vrai, j'espère que Dieu y sera glorifié : c'est
« pourquoi je le désire. Je vois en sa providence
« les moyens propres à cela, et néanmoins je n'ai
« point encore le mouvement intérieur d'en faire
« l'ouverture; il faut attendre, prier et espérer, et
« surtout nous bien humilier devant sa divine ma-
« jesté. »

L'approbation de Rome suivit de près celle des princes et des évêques. Paul V, par une bulle du 28 avril 1618, érigea la congrégation de la Visitation en ordre religieux, et lui accorda tous les privilèges dont les autres ordres ont coutume de jouir. *28 avril.*

Le lendemain de l'établissement de la clôture perpétuelle en exécution de la bulle de Paul, notre saint fondateur vint au premier monastère d'Annecy, et donna l'obéissance en forme à notre digne Mère de Chantal, pour qu'elle partît d'Annecy, et qu'elle allât à Bourges en Berry, fonder le cinquième monastère de l'ordre. A cette occasion il adressa à nos premières Mères, un admirable discours : *Hier*, leur dit-il, *je vins fermer vos portes, et aujourd'hui je viens les ouvrir ; hier, je vous donnai la clôture, et aujourd'hui je vous apporte l'obéissance pour voyager ailleurs.* Il leur fit voir combien l'Eglise est équitable, raisonnable, et cha- *10 octobre.*

ritable; qu'il y a des temps où elle ordonne la clôture, et d'autres où elle veut les voyages, que toute la perfection consiste à faire chaque chose en son temps, selon l'ordre de la divine Providence. Ainsi notre digne Mère sortit avec ses compagnes, et la communauté resta sous la direction de la sœur assistante, qui était la sœur de Laroche.

L'institut de la Visitation est vraiment le grain de sénevé, dont parle l'Evangile, à peine cette petite graine a-t-elle poussé, que les oiseaux du ciel viennent se loger sur ses branches. En voyant en 1618 les monastères de Lyon, de Grenoble, de Bourges, et de tant d'autres villes de France, qui aurait cru que huit ans auparavant l'institut de la Visitation n'était que la réunion de trois femmes délicates et infirmes, que François de Sales enfermait dans une modeste demeure, comme trois petites abeilles dans une ruche? Voici comment le raconte une de nos anciennes.

6 juin. Le 6 juin 1610, notre saint fondateur eut la consolation de commencer notre institut, et de conduire nos trois premières Mères de Chantal, Favre et de Brechar dans un petit domicile au faubourg d'Annecy. Ces trois innocentes colombes se confessèrent à lui et communièrent de sa main; le soir il leur donna un abrégé des constitutions qu'il avait dressées pour elles, puis levant les yeux au ciel, il les bénit au nom du Père tout-puissant qui les attirait, au nom du Fils de l'éternelle sagesse qui les dirigeait, et au

nom du Saint-Esprit qui les animait de ses saintes flammes. Le lendemain il les alla visiter, accompagné du président Favre et de plusieurs personnes de qualité, et consacra leur petite chapelle. Il célébra la sainte messe, puis leur fit commencer le chant de l'office. Les gens du monde en voyant de si faibles commencements, et surtout que les personnes du sexe qui entraient dans cette congrégation, étaient faibles et infirmes, disaient que l'évêque de Genève faisait un hôpital plutôt qu'un couvent; mais François de Sales attendait sa force de Dieu, qui a choisi les infirmes de ce monde pour confondre les forts : *Infirma mundi elegit Deus, ut confundat fortia.*

7 juin.

CHAPITRE IX.

DÉVOTION DE SAINT FRANÇOIS DE SALES A PLUSIEURS SAINTS ET SAINTES. — ETABLISSEMENT DES BARNABITES EN SAVOIE.

Notre saint fondateur trouvait un nouvel aliment à sa piété dans sa dévotion pour plusieurs Saints et Saintes. La méditation de leurs vertus remplissait son cœur de zèle et de consolation : voici quelques traits recueillis par notre Mère de Chantal, et plusieurs autres religieuses ses contemporaines.

18 mars. Il était si dévot à saint Joseph qu'il jeûnait au
19 mars. pain et à l'eau la veille de sa fête. Le jour, il célébrait une messe solennelle; les musiciens d'Annecy qui cherchaient les moyens de lui faire plaisir, ne manquaient pas lorsqu'il était dans cette résidence d'assister à la messe de saint Joseph, et d'y chanter un motet. Il prêchait à l'office du soir, ne tarissant pas sur l'éloge du nourricier du saint enfant Jésus. Ce même jour (1614) en envoyant à Mme de Chantal les litanies de saint Joseph, il lui écrivait :
« Ma chère fille, voilà les litanies du glorieux
« père de notre Sauveur, et de notre amour. Je
« voulais vous les envoyer écrites de ma main ;
« mais, comme vous le savez, je ne peux pas dis-
« poser de mon temps. J'ai néanmoins pris le loi-
« sir de les dicter, de les corriger et d'y mettre
« les accents, afin que notre fille de Chantal ait
« plus de facilité à les chanter, sans y faire de
« fautes ; mais pour vous, ma chère fille, qui ne
« pouvez pas chanter les louanges de ce grand
« Saint, vous les ruminerez comme l'épouse, entre
« vos dents ; c'est-à-dire que votre bouche étant
« close, votre cœur sera ouvert à la méditation
« des grandeurs de cet époux de la reine du
« monde, nommé père de Jésus, et son premier
« adorateur après sa divine épouse. »

Il voulut que ce grand saint fût patron de l'institut, et le protecteur particulier du monastère d'Annecy ; c'est pourquoi le jour de saint Joseph est dans cette ville, une des grandes fêtes de l'ordre.

Il avait une prédilection particulière pour saint Antoine de Padoue ; pendant qu'il faisait oraison après avoir dit la messe en son honneur, dans l'église des Cordeliers, le Saint lui apparut et lui dit : *Tu voudrais par amour pour Jésus, que les hommes te fissent souffrir le martyre, comme je l'ai souffert; c'est une grâce que tu n'obtiendras pas; Dieu veut que tu sois l'instrument de ton propre martyre.* Depuis ce jour-là François de Sales s'appliqua fort à la mortification, il mit à profit toutes les occasions, petites et grandes, de pratiquer les vertus chrétiennes : il disait souvent que tout ce qui nous contrarie, nous assujettit et nous afflige doit être regardé comme notre martyre, non sanglant, il est vrai, mais bien agréable à celui qui, ménageant notre faiblesse, ne nous met pas dans l'occasion de souffrir de grands martyres ; il ajoutait : *Assez bien est martyr, qui bien se mortifie ; mais ceux qui ne se mortifient pas, et qui reçoivent vicieusement les tribulations, je ne sais quel rang ils tiendront dans le royaume de Dieu, puisqu'ils ne seront ni martyrs, ni confesseurs; saint Antoine de Padoue a été l'un et l'autre.*

13 juin.

Une personne d'un rang distingué qui critiquait ordinairement les plus pieuses actions, lui dit un jour par raillerie qu'on le blâmait d'avoir la dévotion des femmelettes qui courent offrir à saint Antoine une chandelle, pour qu'il leur fasse trouver leur quenouille ou leur fuseau, quand elles l'ont égaré. Notre saint prélat souffrit la raillerie, mais il réprimanda sérieusement le railleur, le priant de séparer toujours les sottises de François de Sales de la piété et de l'honneur dus aux Saints. *J'approuve de tout mon cœur,* ajouta-t-il, *que l'on ait recours à saint Antoine de Padoue, quand on souffre des pertes et des afflictions. Dieu a signifié que telle était sa volonté, puisqu'il a cent fois opéré des miracles, par l'intercession de ce Saint. J'ai même envie, Monsieur, que nous fassions ensemble, un vœu à saint Antoine de Padoue, pour recouvrer ce que nous perdons tous les jours, vous, la simplicité chrétienne, et moi, l'humilité: j'en laisse fort négligemment égarer les pratiques, quoique les occasions en soient fréquentes.* Ainsi il aimait les dévotions populaires, il croyait aux miracles obtenus par la prière fervente d'une foi simple.

9 février. Un jour qu'il souffrait cruellement du mal de dents, notre Mère de Chantal lui envoya un linge qui avait touché les reliques de sainte Apollonie, et le pria de l'appliquer sur sa joue malade, pendant que toute la communauté allait se mettre en prières pour sa guérison. Sur le soir notre Saint lui renvoya le linge avec ce billet : « Ma chère « fille, voilà votre remède; je puis dire qu'il a été « souverain, puisqu'il a agi avec moi selon votre « foi, votre espérance et votre charité. Je dois

« confesser à la gloire de Jésus-Christ et de sa
« sainte épouse, que je ne croyais pas pouvoir dire
« la messe aujourd'hui, à cause de l'enflure pro-
« digieuse de ma joue ; mais m'étant appuyé sur
« mon prie-Dieu, et ayant posé la relique sur ma
« ma joue, j'ai dit : Mon Dieu qu'il me soit fait
« comme mes filles le désirent, si c'est votre vo-
« lonté, et tout aussitôt mon mal a cessé. Notre
« Seigneur m'a donné pendant ce temps-là plu-
« sieurs bonnes pensées sur le ruminement que
« la sainte épouse dit qu'elle faisait entre ses
« dents. Au sortir de là chacun m'a dit que ma
« joue était désenflée, et je le sentais fort bien
« moi-même. O ma fille! Dieu est admirable en ses
« épouses et en ses Saints, il a voulu que ce mal
« me soit venu pour faire honorer son épouse
« Apollonie, et pour nous donner une preuve
« sensible de la communion des Saints.

Les Lyonnais et surtout les habitants de la pa- 2 juin.
roisse d'Ainay (1) apprendront avec plaisir que le

---

(1) Avant la révolution de 1789, l'église d'Ainay avait une chapelle dédiée à sainte Blandine. On venait de loin y vénérer les reliques de cette héroïne, et visiter le caveau où elle a été renfermée. Comment se fait-il que, lorsque cette église a été rendue au culte, sainte Blandine ait été oubliée ? Sa chapelle a servi d'abord à entreposer les chaises, puis on l'a démolie pour agrandir celle de la sainte Vierge. On croirait que la mémoire de cette Sainte a entièrement péri dans les lieux témoins de son martyre, sans un mauvais tableau placé dans la chapelle à côté de la sa-

saint Evêque rendait un culte spécial à sainte Blandine, cette heroïque esclave qui fut renfermée dans les prisons souterraines du temple d'Auguste, puis livrée aux bêtes, et qui mérita par sa constance d'être appelée la mère des martyrs. François ne passait jamais par Lyon sans visiter et honorer ses reliques : *Elle a été*, disait-il, *ma protectrice dans la mission du Chablais, mon cœur a été encouragé par la générosité de cette servante de Jésus-Christ ; le nom précieux de chrétienne a été le principe de sa victoire sur les tyrans, elle en a fait son bouclier, sa force, sa défense.*

Le jour de la fête de cette Sainte, il reçut par charité dans le monastère d'Annecy, une pauvre et sainte fille ; il lui donna le nom de Blandine, et comme on ne pouvait rappeler son nom de famille, il la fit surnommer *de la Croix*; il termina la cérémonie par un discours où il fit un si bel éloge de sainte Blandine, que la nouvelle religieuse se voua d'une manière particulière à l'imitation des vertus de sa patronne, et à la vénération de sa mémoire.

---

cristie, en face d'un tableau de saint Badulf. Jamais l'école romantique n'a produit d'œuvre plus misérable : il est fâcheux que les seuls objets consacrés aux Saints de la localité soient d'une composition si ridicule et d'une si pauvre exécution. Ne serait-il pas convenable que des autels fussent élevés à la mémoire de saint Badulf et de sainte Blandine, et que la vieille église Bysantine remît sous les yeux des fidèles les monuments de sa glorieuse histoire? *Sit memoria eorum in benedictione, et ossa illorum pullulent de loco suo.*

Pour donner un témoignage public de sa dévotion à saint François de Paule, il reçut publiquement les lettres de filiation, et le grand cordon de l'ordre, dans le monastère des Minimes à Grenoble. Lorsqu'il était à genoux devant le manteau sur lequel ce Saint avait passé la mer, et qu'on avait exposé à la vénération publique, il fut renversé par la foule que la dévotion ou la curiosité attirait : les uns marchaient sur ses habits, les autres s'appuyaient sur ses épaules, sans qu'il dît une parole pour les en empêcher. Au sortir de l'église les religieux lui firent des excuses, disant qu'ils avaient admiré sa patience ; mais il leur répondit : *Ne faut-il pas que chacun contente sa dévotion ? Je puis vous assurer que je n'ai pas beaucoup pris garde à ceux qui étaient autour de moi ; mais à saint François de Paule, qui me donnait lui-même spirituellement son lien, et sa filiation, et m'obligeait par des liens intérieurs et extérieurs à considérer tous les minimes comme mes frères.*

2 avril.

L'année suivante, à pareil jour, il fit le panégyrique de S. François de Paule, dans l'église des révérends Pères Minimes à Paris. Ayant observé après son exorde, que le saint Sacrement était encore exposé, il demeura pendant quelque temps debout, dans un profond recueillement ; et comme personne ne devinait la cause de son silence, il poussa cet élan de son cœur : *Hé de grâce ! si l'on veut que je prêche assis, et que je me couvre, que mon Maître soit couvert avant moi.* Il prononça ces paroles d'un ton si doux et si plein de piété, qu'il édifia toute l'assemblée, et répandit une grande onction dans le cœur de tous les assistants : plusieurs en versèrent des larmes.

Pour réunir les différents traits de sa dévotion à saint François de Paule, nous rappellerons ici une lettre écrite à Mme Favre de la Valbonne, dans laquelle il lui conseille de faire une neuvaine à ce Saint, pour obtenir de devenir mère : *J'ai mille fois pensé,* lui dit-il, *pourquoi l'on invoque ce Saint, vierge et ermite austère, pour avoir des enfants, et enfin je crois que c'est parce qu'il a beaucoup aimé la simplicité, la petitesse et les petits ; son intercession obtient ordinairement des enfants à ceux qui lui sont dévots, quand ils les demandent dans l'esprit du Saint, pour la gloire de Dieu, le salut des âmes et le bien des familles.*

Plein d'estime pour la compagnie de Jésus, il en honorait les Saints d'une manière particulière, il disait qu'il avait sucé une tendre inclination pour saint Ignace dans le collége de Clermont, dans celui de Padoue, et pendant qu'il faisait ses études à Paris ; mais que cette dévotion s'était accrue et fortifiée à Rome, en visitant le sepulcre de cet illustre fondateur des Jésuites.

2 décembre.
Pendant la mission du Chablais, il invoquait tous les jours saint François Xavier. Après les Apôtres et les premiers disciples du Sauveur, il n'y

avait pas, selon lui, de meilleur modèle pour les missionnaires. Il le louait surtout de s'être fait tout à tous, au point d'avoir sollicité comme une faveur d'être valet d'un marchand, pour pénétrer à la faveur de ce déguisement dans les pays barbares, et y porter le flambeau de la foi.

Il aimait beaucoup saint Dominique, et s'était fait affilier à son ordre. Il passait ordinairement le jour de sa fête avec les Pères Jacobins, dans le couvent d'Annecy; il eut avec le père Blanc, un des plus anciens de la communauté et son ami familier, la conversation suivante. *Monseigneur, vous devez aimer notre église plus que toutes celles de la ville, parce que vous y avez été confirmé, vous y avez prêché plusieurs carêmes, vous y avez établi votre catéchisme, enfin vous vous êtes inscrit sur le livre de nos confrères. — Tout cela est vrai; mais mon père, votre église ne tient que le troisième rang dans mon affection : celle de saint Pierre, ma cathédrale, tient le premier rang, parce qu'elle est mon épouse; celle de la Visitation tient le second parce qu'elle est ma fille ; celle de saint Dominique tient le troisième, parce qu'elle est celle de mes frères : je l'aime fraternellement. — Nous avons, Monseigneur, le tombeau de vos ancêtres; et cependant notre église ne tient que la troisième place dans votre affection ? — Mon père, je suis avant tout, enfant de Marie; il faut que je retourne en son sein, et que j'y trouve*

4 août.

mon repos. Il témoignait par là qu'il voulait être enterré à Sainte-Marie.—*Quoi! vous voudriez nous faire ce tort, de quitter le tombeau de vos pères, et de ne pas nous laisser vos dépouilles mortelles! — Mon cher père, vous et moi nous serons placés après la mort, où l'on nous mettra, laissons cela à la Providence.*

Mais c'était surtout pour la Mère de Dieu qu'il avait une vive dévotion, sa vie tout entière lui fut consacrée ; si l'on voulait réunir tout ce qu'il fit pour sa gloire, il faudrait recommencer son histoire depuis le jour de son enfance où il se voua à cette divine Mère, jusqu'au moment où il rendit l'esprit, en prononçant dévotement les noms de Jésus et de Marie. Nous placerons ici seulement quelques détails pleins de naïveté sur la chapelle de Notre-Dame de Voiron, qu'il fit rétablir, et sur la guérison de Mme de Chantal, obtenue par l'intercession de la sainte Vierge.

6 mai. Le synode qui avait pour but de régler et de perfectionner le clergé de son diocèse, étant terminé, François s'occupa de faire rebâtir la chapelle de Notre-Dame de Voiron, et d'y installer trois dévots ermites, à qui il donna des règlements en forme de constitutions. Cette solitude avait été souvent son refuge au plus fort de ses travaux apostoliques. Voici un abrégé de ce qu'il a fait écrire sur l'origine de cette dévotion, dont il a été le réparateur.

Selon une tradition populaire, il y avait dans ce lieu une idole célèbre, dont les oracles attiraient tous les habitants des contrées voisines. Saint Domitien, évêque de Genève et patron des Allobroges, fit tomber l'idole, en présence d'une multitude de peuple, en faisant le signe de la croix. Néanmoins le malin esprit ne délivra pas ces lieux de sa présence : il suscita un sanglier cruel qui empêchait les troupeaux de paître sur la montagne, et jetait la désolation dans les hameaux. Un seigneur puissant, nommé de Longin, possesseur du château le plus considérable de la contrée, prit avec lui tous ses gens et les conduisit à la chasse contre la bête féroce. A peine fut-il arrivé à l'entrée de la forêt que le sanglier se jeta sur lui; tous ces gens l'abandonnèrent : dans cette extrémité, il se voua à la Mère de Dieu, promettant que si elle le sauvait de la dent du monstre, il bâtirait en ces lieux une chapelle en son honneur ; aussitôt le sanglier prit la fuite. Le seigneur qui se croyait couvert de blessures mortelles, se voyant sain et sauf rendit grâce à Jésus-Christ et à sa Mère, et ne revint à sa demeure que pour faire exécuter sa promesse. Des ouvriers travaillèrent dès le lendemain à jeter les fondements de la chapelle. L'Evêque bénit ces lieux, et en chassa le malin esprit; une belle statue de la Mère de Dieu fut placée sur l'autel, au lieu même où s'élevait autrefois l'infâme idole. Quelque temps après, on bâtit à côté de la chapelle un petit ermitage, où le seigneur de Longin se retira pour consacrer entièrement le reste de sa vie au service de sa divine libératrice. Il dota cette chapelle, et voulut y être enterré. Une suite de saints ermites habitèrent ce lieu jusqu'au jour où les calvinistes désolèrent le Chablais, ces hérétiques profanèrent et pillèrent la chapelle; ils en emportèrent les vases sacrés et la détruisirent. Un d'entre eux nommé Jean Bugnard, qui venait de renoncer à la foi de ses pères, se jeta comme un furieux sur la statue de la sainte Vierge, et après l'avoir attachée avec une corde, il se mit à la tirer au bas de la montagne; arrivée dans un pré, la statue resta immobile et résista à ses efforts; ce furieux s'étant tourné pour voir l'obstacle qui la retenait, se sentit tout à coup frappé d'une paralysie partielle : il laissa là la statue, et se retira effrayé, mais non converti; son corps était perclus, son cœur n'était pas changé: il mourut en désespéré. La déposition de cet événement fut faite par les soins de notre saint fondateur, l'an 1598, en présence du prince Sérénissime Charles Emmanuel, qui commanda au secrétaire de la ville de Tonon d'enregistrer tous ces faits comme un miracle de la Mère de Dieu, digne de passer à la postérité. Alors la chapelle fut rétablie, et un ermitage d'une assez belle architecture fut élevé d'après les plans du frère Grillet, et d'Antoine Rigaud. Rome accorda de nombreuses indulgences aux dévots pèlerins qui visiteraient cette chapelle. Ainsi, grâce au zèle et à la piété de François de Sales, Marie est honorée dans ces lieux avec plus de pompe que jamais. L'ermitage est aujourd'hui habité et tenu par les religieux de l'ordre de saint Dominique.

Pendant que notre saint fondateur prêchait à Grenoble, Mme de Chantal tomba dangereusement malade. Les prières plutôt que les remèdes obtinrent sa guérison. François en fut instruit au moment où il descendait de chaire : il se rendit à l'église des Recollets pour y célébrer la messe en actions de grâces ; il le fit avec de si grands sentiments de piété que les religieux crurent qu'il était en extase. Le même jour il écrivit à notre digne Mère : « Ma chère fille, je ne pouvais mieux faire « recevoir mon remercîment à ce céleste médecin « qui vous a guérie, que par les mains de notre Dame « conçue sans péché, notre chère et souveraine « Maîtresse. C'est pourquoi, aussitôt après mon pe- « tit sermon, je me suis venu reposer en son église « des Recollets pour célébrer la sainte messe, du- « rant laquelle cette Reine de grâce a daigné me « voir de si bon œil, que j'espère d'y retourner quel- « quefois. » Quelques années auparavant, Mme de Chantal avait déjà été guérie miraculeusement. Elle était pour ainsi dire à l'agonie, lorsque notre bienheureux Père lui envoya des reliques de saint Charles Borromée, à peine furent-elles appliquées sur la poitrine de la malade, qu'elle se trouva sou-

9 décembre.

25 avril.

lagée et bientôt sa guérison fut complète. François qui avait une dévotion particulière au grand archevêque de Milan, fit vœu d'aller visiter son tombeau. Il partit d'Annecy le 15 avril de l'année 1613, accompagné de plusieurs ecclésiastiques, que leur piété et l'exemple de leur prélat engageaient au même pèlerinage; pendant la route, ils n'interrompaient leur méditation et leur silence que pour prier en commun, et pour recevoir de notre bienheureux Père le sujet d'oraison. Ils arrivèrent à Milan au bout de dix jours; le cardinal Frédéric Borromée, cousin et successeur de saint Charles, alla à leur rencontre, accompagné de Don Juan de Mendoza, gouverneur du Milanais. Ainsi on reçut François comme un saint qui venait prier au tombeau d'un autre Saint.

On lui avait préparé un logement dans le palais archiépiscopal; mais par humilité il ne voulut pas l'accepter. Il demanda en grâce d'être traité comme un pauvre pèlerin, dont l'unique but était d'accomplir un vœu et d'emporter un accroissement de zèle et de dévotion.

26 avril. Le lendemain de son arrivée, il dit la messe devant le tombeau de saint Charles, et resta ensuite prosterné pendant plusieurs heures. Les prêtres qui étaient venus avec lui de la Savoie, ne se lassaient pas d'admirer la magnificence de Milan, la beauté de ses édifices, et surtout de sa célèbre cathédrale : c'était l'objet ordinaire de

leur conversation, et ce jour-là ils ne purent s'empêcher de lui demander son avis sur tant d'objets admirables. François avoua qu'il ne les avait pas même vus. — *Au moins, lui dirent-ils, vous avez bien remarqué les riches ornements qu'on vous a donnés pour célébrer la messe, il est impossible que l'éclat des pierreries dont vos vêtements sacerdotaux étaient couverts, n'aient pas attiré vos regards.* — *Je n'y ai pas pris garde,* répondit-il, *parce que les ornements intérieurs de la sainteté du grand cardinal Borromée, m'ont tellement occupé que je n'ai pas pensé à la magnificence extérieure de l'église, ni à celle des habits sacerdotaux.*

Avant la fin du jour, il retourna au pied du tombeau de saint Charles; il y passa la nuit en prières. C'est alors que Dieu lui inspira le dessein d'établir les pères Barnabites à Annecy. Dès que le jour fut venu, il alla communiquer son projet au père Ambroise Mazenta, général de l'Ordre, lui disant qu'il avait jeté les yeux sur les Pères de sa congrégation, pour leur confier la jeunesse de son diocèse, afin qu'ils l'élevassent dans la pratique des œuvres de religion, et dans la connaissance des belles-lettres. 28 avril.

Le général exposa la demande de François au conseil de l'Ordre, qui s'empressa d'y souscrire. L'autorisation du Saint-Père ne se fit pas attendre; ainsi les Barnabites furent établis dans le diocèse 3 sept.

de Genève. Ils y sont chargés des séminaires et des autres établissements d'éducation; ils enseignent les humanités, la rhétorique, la philosophie et la théologie morale; de plus, ils aident le clergé séculier dans les fonctions du saint ministère. François de Sales les dota de plusieurs bénéfices que les hérétiques avaient usurpés sur d'autres Ordres religieux, et dont ceux-ci voulurent bien faire la cession en faveur des Barnabites, à condition qu'ils les remplaceraient dans les fonctions qu'ils ne pouvaient plus remplir, parce qu'ils manquaient de sujets.

4 mai. François en revenant de Milan, s'arrêta à Turin pour y célébrer la fête du saint Suaire. Le duc de Savoie le nomma pour être un des prélats qui devaient exposer le saint Suaire à la vénération du peuple.

Comme les chaleurs étaient excessives, et que le saint évêque était couvert de sueur, il arriva que quelques gouttes coulèrent de son front, et, se mêlant à ses larmes, tombèrent sur le linge sacré. Son cœur fut alors pénétré d'une douceur incomparable. Voici ce qu'il en écrivit à la Mère de Chantal, en lui racontant son aventure. « Peu s'en
« est fallu que le prince cardinal ne se soit fâché
« de la chute de quelques-unes de mes larmes et
« de mes sueurs; pour moi, je vous assure, ma
« chère fille, qu'il m'a pris envie de lui dire que
« notre Seigneur n'était pas si délicat, et qu'il

« n'avait répandu sa sueur et son sang que pour
« les mêler avec les nôtres, afin de leur donner le
« prix de la vie éternelle. Ainsi, ma fille, puissent
« nos soupirs s'allier aux siens, afin qu'ils montent en odeur de sainteté devant le Père éternel. »

Il revint à Annecy la veille de la Pentecôte, et bien loin d'employer son temps à recevoir et à rendre des visites, il officia le matin dans son église cathédrale et prêcha le soir. *Je vous apporte,* dit-il à son peuple, *la benédiction du saint Archevêque de Milan. Je dois vous adresser les mêmes paroles que S. Antoine à ses disciples, après avoir visité la cellule de S. Paul : Je viens d'honorer les vestiges de la sainteté d'un grand serviteur de Dieu auprès duquel je ne suis qu'une ombre et un fantôme d'Evêque, indigne de baiser la trace de ses pieds.* 25 mai.

Il serait trop long de réunir tous les traits de sa dévotion envers les Saints. Il honorait dans chacun d'eux la vertu particulière qui en était comme le signe caractéristique ; ainsi, dans Jean-Baptiste la vertu de mortification, dans Jean l'Evangéliste la pureté et la charité, dans S. Pierre la foi vive et l'ardent amour, dans S. Paul et S. Barnabé le zèle pour le salut des Infidèles.

Le nom de S. Barnabé nous rappelle que le jour de la fête de ce Saint, en 1619, notre bienheureux Père eut une conférence intéressante avec plu- 11 juin.

sieurs dames, distinguées par leur rang et leur piété. La comtesse de St-Paul, après s'être confessée à notre Saint, le supplia de lui accorder à elle et à plusieurs dames un entretien spirituel dans l'église des Sœurs de la Visitation. Il se rendit à ses désirs quoiqu'il eût déjà disposé de son temps d'une autre manière. A six heures du soir, il se trouva au lieu désigné, et adressa à l'assemblée de ces pieuses dames un discours fort utile sur la vie de S. Barnabé. Il le termina par trois considérations que recueillit très soigneusement la très vertueuse Anne de Beaumont.

1° Il ne faut pas s'attacher à sa propre opinion ; 2° nous ne devons pas nous étonner de nos chutes, parce que, étant des créatures faibles et misérables, ce serait nous étonner de ce que la faiblesse est faible, et la misère misérable ; mais il faut nous en relever promptement, et avoir soin qu'elles soient moins fréquentes ; 3° nous devons louer et admirer la miséricorde de Dieu qui sait tirer sa gloire et notre bien de notre abjection et de nos maux. Après que le saint Prélat eut fini son exhortation, plusieurs dames proposèrent leurs difficultés et leurs doutes ; et notre Saint, comme un autre S. Jérôme au milieu des dames romaines, éclaircissait leurs doutes et résolvait leurs questions. Il arriva que dans la chaleur de la conversation toutes ces dames parlèrent à la fois, avec beaucoup d'empressement. Ce bon et tranquille Pasteur leur dit avec une douceur admirable : *Mesdames, à laquelle vous plaît-il que je réponde la première, puisque vous avez parlé toutes ensemble?* A cette correction, toutes se turent si respectueusement, que personne n'osait interrompre notre saint fondateur. Alors, souriant doucement, il reprit, par ordre, son discours et les questions que ses philothées lui avaient présentées d'une manière confuse; il les satisfit toutes les unes après les autres avec tant de bonté et de sagesse que Mme la duchesse de Vendôme dit à notre mère, en se retirant du parloir : *En vérité, ma mère, il y a ici plus que Salomon.* Mme la comtesse de St-Paul eut encore avec le saint Prélat une conférence particulière.

CHAPITRE X.

SAINT FRANÇOIS DE SALES PRÉSIDE AU CHAPITRE GÉNÉRAL DES FEUILLANTS. — MIRACLES QU'IL OPÈRE PENDANT SA VIE.

Les grands travaux et les mortifications de notre saint fondateur l'avaient vieilli avant le temps. A l'âge de 35 ans, il était incommodé de plusieurs infirmités, il souffrait de si grandes douleurs dans les jambes qu'il pouvait à peine se soutenir. Cependant, dès qu'il reçut la lettre apostolique de Grégoire XV qui lui ordonnait d'aller à Pignerol

1621. 16 mai.

présider le Chapitre général de l'ordre des Feuillants, il se disposa à obéir sans délai. Ses parents et ses amis lui représentèrent en vain que cette commission était trop pénible pour sa faible santé, que les chaleurs étaient excessives, qu'enfin les ouvrages ascétiques qu'il avait entrepris seraient interrompus, peut-être abandonnés, il se contenta de répondre : *Il faut obéir. Dieu ne m'a pas trouvé digne de mourir pour la foi parmi les hérétiques, ni pour la charité parmi les pestiférés, ne serais-je pas bien heureux de mourir pour l'obéissance, et dans l'exercice de cette vertu ?* Et comme la comtesse de Sales, sa belle-sœur pleurait en le voyant partir, il lui adressa les paroles les plus édifiantes pour lui inspirer une sainte résignation, ajoutant qu'il reviendrait certainement dans son diocèse. Ensuite, il croisa les mains sur sa poitrine, et lui dit : *Je sens, ma chère sœur, quelque chose qui m'avertit que je ne dois pas vivre longtemps, il faut donc me hâter de bien faire. Or, je ne peux rien faire de mieux que d'obéir.* L'affaire que la cour de Rome lui confiait était des plus délicates, les Feuillants ne pouvaient s'entendre sur l'élection de leur général, et il ne fallait rien moins qu'un homme du mérite de notre Saint, pour empêcher un schisme de l'ordre, qui en aurait certainement amené la ruine. Il donna les preuves d'une prudence consommée, et montra qu'il possédait admirablement l'art de manier les esprits.

Son adresse, sa patience et sa douceur lui gagnèrent tous les cœurs. Ses raisons triomphèrent de toutes les difficultés. Les Feuillants lui obéirent comme à un envoyé de Dieu. Un des religieux lui ayant dit qu'en le voyant il croyait avoir vu S. Bernard, leur illustre fondateur. *Ah*, répondit François, *j'ai fait ce pèlerinage de Citeaux et celui de Clairvaux pour honorer les saintes reliques de votre Patron, de plus, j'ai allié ma maison à la sienne par le mariage de mon frère de Torrens avec la fille de Mme de Chantal. Obtenez donc par vos prières que je devienne son imitateur comme je suis son admirateur et son fils dévoué.*

1621.
16 juin.

Il ne pouvait pas tenir chapitre les jours de fête. Alors il passait son temps dans les exercices de la charité pastorale à écouter les confessions, à conférer le sacrement de l'Ordre et celui de la Confirmation. Le 17 juin, la foule du peuple était si grande et la chaleur si excessive que le saint Prélat en tomba en defaillance. Lorsque les soins des religieux alarmés l'eurent rappelé à lui, il leur dit cette sentence de S. Bernard : *Il est de bien mauvaise grâce d'avoir des membres délicats sous un chef couronné d'épines.* Il voulut retourner à ses fonctions, et les continua jusqu'au soir.

1621.
17 juin.

Cependant sa santé s'altérait visiblement ; le jour suivant, pendant qu'il présidait le Chapitre, il fut saisi d'une violente colique et obligé de se retirer dans sa chambre. Il employa tout le loisir

1621
18 juin.

que lui laissa la douleur, à consulter le révérend Père Goulu, l'un des plus illustres et des plus savants personnages de son siècle, sur un corps d'ouvrage dont il avait formé le plan ; il ne sera pas hors de propos de transcrire ici les paroles de notre saint fondateur telles que ce bon religieux les a répétées. Peut-être quelque homme inspiré de l'esprit de Dieu exécutera le projet formé par François, et empêché par sa mort prématurée.

Si Dieu me prête vie, dit-il, *je ferai d'abord une traduction simple, claire, et en langue vulgaire, des quatre Evangiles, liés ensemble par une concordance exacte des temps et des faits, de manière à former une vie de notre Seigneur ; ensuite j'établirai la vérité de la foi catholique, et je réfuterai en même temps les erreurs des prétendus réformés, par un extrait fidèle des paroles de notre Seigneur dans le saint Evangile, sur tous les points qui sont un objet de controverse. Enfin j'extrairai de l'Evangile une suite de maximes qui feront un cours d'instructions pour la perfection chrétienne. Ces trois ouvrages de dogme, de controverse et de morale seront complétés par un cours d'histoire sur la primitive Eglise, extrait en entier des Actes des Apôtres et des écrits de S. Paul. Je ferai paraître ces quatre volumes réunis, sous le nom d'OEuvre Théandrique, ou Manifestation de l'Homme-Dieu. J'ai encore le des-*

sein de faire un autre ouvrage ; ce serait un *Traité des quatre Amours*, c'est-à-dire de la manière dont nous devons aimer Dieu, nous-mêmes, nos amis, et enfin nos ennemis. Le révérend Père ne put s'empêcher de dire avec une religieuse naïveté : *Ces ouvrages sont à désirer pour les enfants de l'Eglise; mais c'est une trop grande besogne pour un évêque qui n'est pas maître de son temps, et dont la carrière est déjà plus qu'à moitié faite.* Le Saint se mit à sourire. *Mon Père*, répondit-il, *pour entretenir l'esprit dans une sainte occupation, il faut se proposer une longue tâche, comme si l'on avait longtemps à vivre, et y travailler avec calme et détachement de cœur, comme si l'on devait mourir demain.*

Le 19 juin, notre saint fondateur termina heureusement sa mission apostolique. Don Jean de St-François, homme d'une très grande doctrine, fut élu général de l'Ordre. Tout ce que François avait réglé fut confirmé à Rome. Comme les Saints ne perdent jamais l'occasion de travailler à leur propre sanctification, notre digne Prélat, après avoir présidé l'assemblée des Feuillants, en qualité de Père, voulut partir comme fils et Frère de la congrégation en recevant la filiation de l'ordre. Il demanda cette grâce, et l'obtint à sa grande satisfaction. *Jusqu'ici*, dit-il, *j'avais tâché d'être le dévot de S. Bernard et son disciple, par la lecture de ses ouvrages; mais à présent, de serviteur je suis devenu fils, et je ferai mes efforts pour n'être pas ingrat de ce bienfait.* On ne saurait croire l'honneur, l'estime et la vénération que cette assemblée conserva pour François de Sales. Après sa mort, le général don Jean fut un des premiers à donner l'histoire de sa vie. Il proteste qu'il savait, par son expérience, que ce Prélat était un des plus savants de son siècle; qu'on n'aurait pu trouver un homme qui examinât plus exactement une affaire, qui la dirigeât plus mûrement, et qui la résolût plus judicieusement.

1621. 20 juin. Notre saint fondateur quitta Pignerol, et arriva le même jour à Turin, où son altesse royale Christine de France le reçut avec toutes les marques d'estime et de vénération possibles; elle lui avait fait préparer un logis magnifique, et voulait qu'on le traitât comme son premier aumônier; il la pria si ardemment de ne l'y point contraindre, qu'il obtint la permission de se retirer chez les révérends Pères Feuillants, au monastère de la Consolante, où il prit une petite cellule de 8 à 9 pieds carrés, fort incommode dans la grande chaleur qu'il faisait alors. *Laissez-moi*, disait-il à ces Pères, qui voulaient le mieux loger, *laissez-moi la consolation de vivre quelques jours avec vous comme votre frère, puisque je le suis en effet. Voulez-vous, par vos civilités, me chasser de chez vous et de la maison de notre Père S. Bernard. Je suis ici aux pieds de la Mère de toutes consolations, où pourrais-je être mieux?* Il se retirait de la cour autant qu'il lui était possible, et disait que plus il voyait le monde, plus il lui était à charge, qu'il craignait d'y devenir mondain ; enfin que c'était un noviciat où il ne ferait jamais profession.

Quoique très fatigué de son voyage, il ne voulut pas tarder de rendre compte au Saint-Père de sa commission, au sujet du Chapitre général des Feuillants, il employa les premiers instants de son séjour à Turin, à écrire de sa main à Sa Sainteté, à plusieurs cardinaux, et à d'autres prélats de la cour romaine, on peut voir, dans les épîtres de notre Saint, les témoignages avantageux qu'il rendit de ces dignes religieux. *1621. 21 juin.*

Il tomba le lendemain dangereusement malade, et sa maladie dura trois mois. Madame Christine de France prit de lui des soins dignes de sa piété et de l'estime qu'elle en faisait. Notre Saint qui se sanctifiait toujours de plus en plus dans ses infirmités, et ravissait d'admiration tous ceux qui approchaient de lui, eut, durant cette longue maladie, la consolation de voir auprès de lui son frère Jean-François, qui avait été sacré, la même année à Turin, évêque de Calcédoine, et nommé, par leurs altesses royales, coadjuteur à l'évêché de Genève. Il l'instruisit fraternellement de tous les devoirs d'un bon pasteur, afin qu'il pût lui succéder ; *car*, disait-il, *il sentait fort bien le commencement de la démolition de sa prison* ; c'est ainsi qu'il appelait son corps. *1621. 22 juin.*

8.

Avant de passer aux actions de notre saint fondateur, pendant la dernière année de sa vie, nous citerons deux faits miraculeux qui eurent un si grand nombre de témoins, qu'il est impossible de les révoquer en doute. Avant de se mettre en route pour aller à Grenoble, il envoya demander à une dame nommée Arnaud, qui était de cette ville, les commissions dont elle voulait le charger. Le valet de chambre trouva cette femme noyée dans les larmes ; elle couvrait de ses baisers le corps de sa fille, qui venait de mourir subitement. François était déjà à cheval, lorsqu'on lui apporta cette triste nouvelle, il mit pied à terre, et entra dans son oratoire pour prier, promettant à Dieu que s'il rendait la vie à cette enfant, elle serait vouée à son œuvre, et porterait en signe de ce vœu l'habit blanc pendant une année. Il envoya de nouveau son valet de chambre, pour dire à la mère de se confier à la sainte Vierge. Celui-ci fut bien étonné de voir la jeune fille pleine de vie, et de l'entendre dire à sa mère que le papa de Genève l'avait bénie. François de Sales qui rapportait tout à Dieu, recommanda à la mère de faire célébrer une messe d'actions de grâces, à l'honneur de Marie, et d'élever sa fille dans la piété, parce que Dieu la destinait à son service, dans le couvent de la Visitation. La piété et la reconnaissance de la mère s'empressèrent de seconder les vues du saint Evêque, et de remplir ainsi les desseins du ciel.

Une autre fois, notre saint fondateur revenait de dire la messe, lorsqu'une femme se présenta à lui, aux portes d'Annecy, en disant : *Bon serviteur, délivrez-moi de l'esprit malin, donnez-moi du repos.* Pendant qu'elle parlait, le démon la jeta rudement contre terre. François la releva, et lui ordonna de prononcer lentement et avec attention l'Oraison dominicale, puis il lui donna sa bénédiction. Aussitôt cette femme fut délivrée, et célébra la gloire de Dieu qui manifestait sa puissance et sa bonté par le moyen de son serviteur. Le bruit de ce miracle se répandit dans toute la ville ; les bons chrétiens en furent édifiés, mais quelques esprits chagrins en prirent occasion de blâmer l'évêque. Ils disaient que l'esprit de Dieu ne faisait pas faire des miracles d'ostentation, que les Saints n'opéraient pas les miracles en public, mais en secret. Ces raisons et quelques autres aussi injurieuses furent développées dans un pamphlet qui parut alors. François, en le lisant, se contenta de dire : *Ces bonnes gens n'ont pas pris garde que la femme a récité son* Pater, *et que c'est elle que Dieu a exaucée où et quand il lui a plu. Il l'a délivrée du mal, afin qu'elle ne fût plus induite en tentation par le démon qui la possédait. Si nous avions tous soin de dire notre* Pater *selon l'esprit et l'intention de Jésus-Christ, nous y trouverions le remède à tous nos maux ; j'y trouve moi-même le remède à ce pamphlet, en disant : Pardonnez-*

17 novembre.

nous nos offenses comme nous pardonnons à ceux qui nous ont offensés.

CHAPITRE XI.

DERNIÈRE ANNÉE DE LA VIE DE SAINT FRANÇOIS DE SALES.

Nous voici arrivés à la dernière année de la vie de notre saint fondateur. Nous ne classerons plus les faits par ordre de matière. Nous suivrons seulement l'ordre chronologique recueillant tout ce que cette sainte vie nous a laissé d'instructif et d'édifiant au moment où elle allait s'éteindre pour faire place à la vie immortelle et bienheureuse.

1622. 2 avril. François qui avait un pressentiment de sa fin prochaine, bénit Dieu de lui avoir donné pour coadjuteur, son frère Jean-François, évêque de Calcédoine : *Jamais,* dit-il un jour à ce frère chéri, *jamais je n'ai demandé, ni fait demander au duc de Savoie la grâce de vous avoir pour mon bras droit. C'est la seule volonté et providence de Dieu, qui vous a élevé à cette dignité; j'en remercie la miséricorde divine, parce que j'espère que vous prendrez l'office de Marthe et que vous me laisserez celui de Marie.* Il commença à Pâques, de cette année 1622, à employer quelques heures de chaque jour à instruire son coadjuteur de tous les dévoirs de sa charge, de tous les besoins du diocèse. Il se dérobait aux affaires et disait à ceux qui lui en faisaient un reproche : *Il faut que celui-ci croisse et que je diminue, qu'il agisse et que je me repose; je veux me recueillir aux pieds du Sauveur, pour écrire plusieurs bonnes pensées que sa grâce me donne.*

Il répéta à peu près les mêmes paroles au marquis de Lucin qui le pressait vivement d'accepter l'archevêché de Turin et de laisser à son frère celui d'Annecy. Comme ce seigneur ajoutait que cette nouvelle promotion lui donnerait le pouvoir d'établir avantageusement ses neveux, François lui répondit en riant : *Mes neveux sont déjà plus riches et plus grands qu'ils n'étaient; car il y a peu d'années qu'ils naquirent tout nus, ils ont crû, et possèdent chacun au moins une robe.* 14 mai.

C'est à cette époque que le célèbre hérétique Jacob, passant par Annecy à son retour d'Italie, y fut retenu par une maladie grave et longue; bientôt ses ressources furent épuisées, et il fut réduit à la dernière indigence. Dans cette extrémité, il n'osa pas s'adresser à François de Sales, parce qu'il l'avait insulté et persécuté pendant son séjour à Paris. Mais dès que ce charitable pasteur fut instruit de sa position, il lui fit préparer un logement commode, l'y fit transporter, pourvut à ses besoins et alla fréquemment le visiter. Jacob, touché de cette tendre charité, fit abjuration dans les mains de l'é- 23 avril vêque de Genève. Ce nouveau catholique, de retour dans son pays, assurait que la modestie et l'humilité de François de Sales l'avaient mieux convaincu de la vérité de notre religion que toutes les disputes des universités ; et il ajoutait que si tous les prélats lui ressemblaient, il n'y aurait bientôt plus d'hérétiques.

Toutes les pensées, toutes les actions de notre Saint, prouvent qu'il sentait que le moment était venu de céder à son frère les fonctions pastorales pour ne s'occuper lui-même que de Dieu. Son humilité lui persuadait que cette union devait s'accomplir dans la retraite et la pénitence, tandis que le divin rémunérateur la lui préparait dans la félicité et dans la gloire.

<small>13 juillet.</small> Le 13 juillet, il se rendit de grand matin avec son coadjuteur à Talloire, chez les religieux de S. Benoit, pour y faire la translation des reliques de S. Germain. Le prieur faisait sortir le corps d'un tombeau, placé au milieu de l'église, pour le déposer plus honorablement dans le grand autel. François céda à son frère l'honneur de faire cette cérémonie. Il se tint à genoux, immobile et ravi de dévotion, les yeux fixés sur le tombeau de ce grand anachorète; enfin, lorsqu'on eut ôté la pierre qui le couvrait, il se leva pour montrer les reliques au peuple. Puis, après avoir mis tous les os dans un coffre neuf et orné, il chargea avec son frère ce doux fardeau sur ses épaules, et fit la pro-

cession autour de l'église et de l'ermitage, arrosant incessamment la terre de ses larmes. Ensuite il fit à tout le monde une fervente exhortation. Le ciel se couvrit, le tonnerre gronda d'une manière effrayante, tous les fidèles craignaient d'être surpris par un violent orage ; en descendant de cette montagne inhabitée, tous se pressaient autour du saint Prélat. Il regarda le temps, invoqua S. Germain et donna sa bénédiction. Aussitôt la sérénité revint; notre saint Prélat quittait toujours cette sainte montagne à regret. Il dit au Père prieur, en lui faisant ses adieux : *Ah ! mon Père, il faut que je laisse le poids de la houlette à notre nouveau pasteur, et que vous me cachiez au fond de ce désert.*

Voici encore une autre circonstance où il chercha à se faire oublier. Il passait à Grenoble, en accompagnant Madame Christine de France, que venait d'épouser le prince sérénissime de Piémont ; monseigneur de la Croix, coadjuteur de Grenoble, profita de son arrivée pour faire bénir la première pierre du quatrième monastère de la Visitation. Mais François refusa l'honneur de présider à la cérémonie, et demanda avec instance à servir d'assistant à l'évêque de Grenoble. Dans cette humble fonction, il attira tous les regards de l'assemblée par son humilité et sa modestie, le ciel même voulut le désigner au respect des hommes, en envoyant deux colombes, qui se placèrent près de

21 octobre.

lui pendant la cérémonie. Enfin, pour se rendre au vœu des fidèles, il leur adressa une exhortation. Il prit, pour sujet de ce discours, la nécessité de travailler à la construction spirituelle et matérielle des maisons de Dieu.

<small>22 octobre.</small> Le jour de son retour à Annecy, ses deux frères étant entrés tout à coup dans sa chambre, le trouvèrent plongé dans une profonde méditation, et, pour ainsi dire, ravi en extase. Ils ne purent d'abord tirer de lui aucune parole, mais ensuite, comme ils le pressaient vivement de leur dire quelle révélation il avait reçue du ciel, il leur répondit : *Mes frères, laissez-moi un peu tout seul avec mon Dieu, sa divine Majesté m'a averti de penser sérieusement à une affaire de la dernière importance. Je vous la communiquerai dans quelque temps.* — C'est sans doute, lui dirent-ils, *la composition d'un nouvel ouvrage.* — *Rien moins que cela*, répartit le saint Evêque; *au reste, vous le saurez une autre fois.* Sur cela, ils se retirèrent, et le laissèrent jouir du don de Dieu.

Il fallut aller l'avertir de l'heure de la messe, et, contre son ordinaire, il fut si long à la dire, qu'il ne pouvait sortir de l'autel. Tous ses gens, imitant la réserve des Apôtres envers le Sauveur, n'osèrent jamais l'interroger sur ce qui lui était arrivé. Mais il fut visible à chacun qu'il avait reçu un avertissement céleste de sa mort prochaine. Car, depuis ce jour-là, il ne parla plus que de faire son testament et ses adieux, couvrant discrètement ses préparatifs du prétexte d'un voyage qu'il devait faire en France.

Ce voyage avait deux motifs : le premier d'accompagner le prince cardinal, fils du duc de Savoie, à Avignon, où il allait saluer Louis XIII, à son retour du Languedoc ; le second, de remplir les fonctions de premier aumônier, auprès du prince et de la princesse de Piémont. François qui voyait de grands avantages à obtenir pour la partie de son diocèse, enclavée dans le royaume de France, ne balança pas un instant, malgré le mauvais état de sa santé. Il disposa donc tout ce qui était nécessaire pour ce voyage, et le fit comme s'il eût été certain de ne jamais revenir.

Le 6 novembre, il manda près de lui monseigneur de Calcédoine, son coadjuteur, ses autres frères et plusieurs de ses amis. Il leur dit fort naïvement que l'heure du départ approchait, et comme ils entendaient ces paroles de son départ pour Lyon, il ajouta aussitôt : *Ce voyage sera suivi d'un autre, c'est pourquoi je vous ai convoqués afin de vous lire mon testament.* A ces mots, tous se mirent à pleurer. François les consola, et commença la lecture de son testament, conçu en ces termes : « Nous, François de Sales, par la grâce de
« Dieu et du Saint-Siège apostolique, évêque et
« prince de Genève, voulant faire savoir à tous
« ceux à qui il appartiendra, notre dernière vo-

6 novembre.

« lonté, prions premièrement Dieu tout-puissant
« de recevoir notre âme à merci, et de lui faire
« part de l'héritage éternel que notre Rédempteur
« nous a acquis par son Sang ; secondement, nous
« invoquons la glorieuse Vierge Marie et tous les
« Saints, pour qu'ils implorent pour nous en notre
« vie et en notre mort, la miséricorde de Dieu ; troi-
« sièmement, s'il plaît à la Providence divine que
« la très sainte, la très digne, unique et véritable
« Eglise ou religion catholique et romaine soit ré-
« tablie en la cité de Genève, lors de mon trépas,
« nous ordonnons qu'en ce cas notre corps soit
« enterré en notre église cathédrale ; que si elle
« n'y est encore rétablie, nous ordonnons qu'il
« soit inhumé au milieu de la nef de l'église de la
« Visitation d'Annecy que nous avons sacrée :
« sinon que nous mourions hors de notre diocèse,
« auquel cas nous laissons le choix de notre sépul-
« ture à ceux qui pour lors seront à notre suite ;
« quatrièmement, approuvant de tout notre cœur
« les sacrées cérémonies de l'Eglise, nous ordon-
« nons qu'à notre ensevelissement treize cierges
« seront allumés au haut de notre cercueil, sans
« autres écussons que ceux du nom de Jésus, pour
« témoigner que de tout notre cœur nous embras-
« sons la Foi prêchée par les Apôtres ; mais d'ail-
« leurs, détestant les vanités et superfluités que
« l'esprit humain a introduites dans de telles céré-
« monies, nous défendons très expressément toute

« sorte d'autre luminaire être employée à nos
« obsèques, priant nos parents et amis, et ordon-
« nant à nos héritiers de n'y rien ajouter, et
« d'exercer leur piété envers nous, à faire célé-
« brer le très adorable sacrifice de la mes-
« se, etc... »

Il employa toute la journée du 7 à faire la revue de sa conscience, par une confession fort exacte. M. Michel, son confesseur, a déposé qu'il avait alors connu plus que jamais, que la grâce justifiait ce juste et sanctifiait ce Saint, et que la paisible Jérusalem de son âme avait été visitée du divin Epoux. Après le dîner, il s'enferma dans sa chambre, montra et remit à son frère le coadjuteur tous les papiers importants, et plusieurs règlements pour le bon ordre de son diocèse; cela fait, il parut tout joyeux, et dit ces paroles : *Vraiment, il me semble, par la grâce de Dieu, que je ne tiens plus à la terre que du bout du pied, car l'autre est déjà levé en l'air pour partir.*

7 novembre.

Le 8, il reçut les adieux de ses parents et de ses amis ; ce parfait imitateur de Jésus-Christ se souvenant que son grand Maître, sur la fin de sa vie, ne parlait plus à ses Disciples que de sa passion et de sa mort, disait franchement aux siens, qu'il s'en allait pour ne plus revenir. Les chanoines de son église cathédrale, vinrent en corps lui dire adieu, et recevoir sa bénédiction. Il les embrassa tous l'un après l'autre, avec une dilection pater-

8 novembre.

nelle les nommant tous ses frères, ses enfants, et leur dit que c'était le dernier adieu. Le sieur Pierre Christin, vint en particulier lui demander sa bénédiction; le saint Prélat lui dit : *Je m'en vais à la mort, grâce à Dieu, il ne m'importe de mourir en mon pays ou en pays étranger.* A ces mots, le bon ecclésiastique pleura amèrement; il voulut lui dire quelques paroles d'espérance, lui assurant qu'il avait assez bon visage, et qu'il espérait fort le revoir dans trois mois ; alors le saint Evêque lui dit : *Oui, monsieur, vif ou mort, vous me reverrez dans trois mois;* ce qui fut vrai, car, au bout de trois mois, son corps fut reporté à Annecy. Le père Anselme, cordelier et grand ami de notre Saint, lui demanda confidentiellement ce qu'il pensait de ce voyage, il lui répondit ingenument : *Mon père et mon ami, je crois qu'il me coûtera la vie, mais n'importe, il faut être obéissant comme notre Maître, jusqu'à la mort de la croix.*

9 novembre. Avant de partir, il fit présent à nos Sœurs du premier monastère d'une fort belle chasuble, qui lui avait été donnée par les sérénissimes infantes de Savoie. Il célébra la sainte messe, puis dit adieu à la communauté avec des paroles toutes saintes et paternelles, recommandant à nos mères la pratique des vertus chrétiennes, surtout de l'humilité, de la simplicité, de l'obéissance et de l'indifférence, leur répétant plusieurs fois : *Mes chères filles, ne demandez rien et ne refusez rien;*

mais soyez toujours prêtes et disposées à ce que Dieu et l'obéissance désireront de vous. Que votre seul désir soit d'aimer Dieu, votre seule ambition de le posséder.

Il répondit à la Sœur assistante qui le remerciait de la chasuble dont il leur avait fait présent : *Ne savez-vous pas, ma fille, que, quand les amis se quittent, ils ont coutume de se faire des présents;* et comme les Sœurs étaient fort attendries, il se retira promptement, en leur disant : *Adieu, mes filles, jusqu'à l'éternité.* Monseigneur de Calcédoine l'engagea à fortifier son courage, et à consoler son cœur, disant qu'assurément il tomberait malade en voyage, s'il parlait avec une si vive émotion. Tous les principaux de la ville l'accompagnèrent jusqu'à Seissel, avec tant de regret, que l'on peut nommer ce jour, un jour de deuil et un jour de pressentiment, ou plutôt de prédiction de la mort de notre saint fondateur.

Arrivé à Seissel, il fit une seconde prédiction à ceux qui l'accompagnaient : *Vous reviendrez, leur dit-il, au-devant de moi, dans quelque temps, ici même, où je vous fais mes adieux.* Ce qui fut vrai; mais hélas ! ses amis ne songeaient pas alors qu'ils ne reviendraient dans ce lieu que pour y recevoir ses dépouilles mortelles. Enfin, il s'embarqua pour descendre à Belley. Le temps était froid et humide, on le plaignait : *Ne savez-vous pas, leur dit-il, que nous sommes captifs et en servitude,*

10 novembre.

sous les éléments de ce monde. Il dit encore à un de ses officiers qui lui parlait de l'extrême affliction de son peuple d'Annecy : *Ne parlons point de cela, parlons plutôt du bienheureux pays où nous nous acheminons. Je partirai pour celui-là promptement ; je ne ferai pas comme les chevau-légers, car je délogerai sans tambour et sans trompette. Je serai arrivé avant que l'on ait su mon départ.* Par là, il signifiait de quelle mort il devait mourir.

<small>11 novembre.</small> A Belley, il dit la messe le jour de S. Martin, à ses chères filles de la Visitation, les confessa, et les communia toutes. Il leur parla en particulier, et entr'autres à la chère sœur Claude-Simplicienne Fardel, religieuse converse, qui lui annonça sa mort prochaine. Il en reçut la nouvelle comme d'une chose qui ne lui était ni inconnue ni fâcheuse.

L'on peut voir dans la vie de cette Sœur le dialogue qu'elle eut avec notre Saint, et les sages instructions qu'il lui donna, après quoi il continua son voyage.

<small>13 novembre.</small> Il arriva à Lyon, le 13 novembre, célébra la messe dans notre maison de Bellecour, s'entretint un instant avec notre chère mère de Blonay. Ses gens vinrent le presser de se rendre au port pour s'embarquer, mais au moment où il montait dans la barque, le batelier le refusa fort incivilement, le traitant d'étranger ; enfin, il exigea qu'il lui

montrât son passe-port. Ceux qui accompagnaient le saint Prélat voulaient châtier cet homme, pour le punir de son incivilité. Notre saint fondateur se fit son défenseur : *Laissez-le*, dit-il, *il sait et il fait son métier de batelier, et nous ne savons pas celui de voyageur.* Aussitôt il envoya un de ses aumôniers demander un passe-port au gouverneur, qui était M. Dalincourt. Pendant ce temps-là, il attendit patiemment sur le rivage plus d'une heure et demie, sans dire à ses gens un seul mot de reproche sur leur imprévoyance. Comme quelqu'un se plaignait du retardement que cette circonstance causait à un voyage très pressé : *Il est vrai*, dit le Saint, *que mon voyage est bien pressé, mais Dieu le sait, et il ne faut vouloir que ce que sa providence permet.* Enfin, le passe-port arriva, François monta dans la barque, sans avoir rien perdu de son calme ordinaire. Il se plaça tout près du batelier, *car*, dit-il, *je veux faire amitié à ce bon homme, et lui parler un peu de notre Seigneur.*

En entrant à Valence, il se rendit d'abord chez nos Sœurs de la Visitation. Il fut grandement consolé dans la conférence qu'il eut avec Mme de la Granelle, fondatrice de ce monastère, où elle s'était retirée comme pensionnaire. Son plus ardent désir était d'être religieuse, mais nos Sœurs n'osaient lui donner l'habit, à cause de son âge avancé. Elle avait 84 ans. Notre saint Prélat leur dit qu'il

14 novembre.

n'était point d'âge indigne d'être consacré au service de Dieu. Il consola cette bonne dame, et lui promit qu'à son retour, il lui donnerait l'habit de novice ; ce qu'il fit.

Il ne voulut point sortir de cette ville, sans voir la bonne sœur Marie de Valence, qui vivait en odeur de sainteté. Il eut avec elle une fort longue conférence, la nuit approchait, ses gens le pressaient de se retirer ; un d'eux lui dit même avec aigreur : *Ah ! Monseigneur, c'est une honte de nous faire trotter par les rues à cette heure ; pourvu que vous trouviez une diseuse de patenôtres, vous ne pensez plus à autre chose.* Le Saint lui répondit en souriant : *Monsieur, apprenez qu'il fait grand bien à un homme pécheur comme moi de parler cœur à cœur à une sainte épouse de Jésus-Christ, telle que la sœur de Valence. Elle dira un* Ave, Maria *pour vous, et après que vous aurez bien dormi cette nuit, vous ne vous souviendrez plus du chagrin d'aujourd'hui.*

16 novembre, François fut reçu à Avignon, comme un saint. Le vice-légat lui témoigna une amitié fraternelle, et lui attira, par son respect et son exemple, les empressements de tout le peuple : l'humble prélat ne s'accommodait pas de ces honneurs. Il cacha les marques de sa dignité, et défendit de prononcer son nom. Mais, dès qu'il paraissait en public, l'on courait après lui pour baiser le bas de son manteau, et recevoir sa bénédiction. On entendait dire sur

son passage : Voici notre saint Evêque de Genève, voici l'apôtre du Chablais et l'auteur de tant de merveilles qu'on nous a racontées. M. Roland a déposé qu'une fois notre Saint ne pouvant plus souffrir ces cris publics, entra dans la boutique d'un libraire, sous prétexte de regarder des livres. *Hélas !* s'écria-t-il, *ce qu'a dit Salomon est bien vrai : Vanité des vanités, le nombre des fous est innombrable. Si je croyais mon courage, je ferais des actions ridicules, pour détromper ce peuple ; mais il faut vivre dans la sincérité chrétienne, ne faire ni le fol ni le sage, ne point agir pour être loué ni méprisé, agir simplement et fidèlement au service de Dieu, notre divin Maître.* D'autres fois, il disait en pareille rencontre, les larmes aux yeux : *Ah ! mon Dieu, non, non ce n'est pas à nous, mais c'est à votre nom que toute la gloire appartient.*

Tout appliqué aux affaires de Dieu et de l'Eglise, il ne voulut pas même les interrompre un moment pour regarder, des fenêtres de son logis, la pompe solennelle du roi, qui revenait triomphant de ses ennemis, et faisait, à Avignon, son entrée victorieuse. Comme ses serviteurs et ses amis le pressaient de regarder l'appareil d'une si belle fête, il leur dit : *Je vous laisse la place, à vous autres, qui êtes encore de ce monde. Pour moi, je n'en suis plus, je m'en vais à mon Père qui est aux cieux. Il faut que je travaille à son œuvre, pour lui rendre bon compte*. Cela dit, il se retira dans sa chambre, et s'y enferma. Il se dérobait le plus qu'il pouvait aux fêtes de la cour, et ne se rendait auprès du prince cardinal, que pour travailler avec le vice-légat, pour les intérêts du grand collége, fondé à Avignon, sous le nom de St-Nicolas-de-Savoie, par Jean-François, évêque de Genève, et cardinal d'Ostie.

Il passa la journée du 19 novembre dans le collége des révérends Pères jésuites. Après avoir célébré la messe, il restait dans une longue oraison; le Père recteur alla le supplier de remettre le reste de ses dévotions à un autre jour, lui disant qu'il ne leur donnait que cette journée, qu'il n'aurait pas le temps de visiter le collége, et de satisfaire les pieux désirs de plusieurs religieux qui voulaient lui communiquer leur intérieur. Alors, le saint Evêque se leva, et répondit : *L'oraison, mon Père, est ce qui m'est le plus utile et le plus doux. Car, par cette communication de cœur, j'apprends quelque chose de bon, pour me l'appliquer à moi-même.* Après le dîner, plusieurs des Pères l'emmenèrent dans leur chambre, et se partagèrent tellement la grâce de son entretien, que l'heure étant venue de se rendre auprès du prince, il se retira promptement, sans avoir rien vu que l'église et les cellules. *J'aime mieux*, dit-il au Père recteur qui l'accompagnait, *j'aime mieux une grande heure d'entretien spirituel avec une bonne âme, que la vue de toutes les curiosités de la terre.* Il ajouta avec un profond soupir : *Adieu, mon cher Père, nous allons au ciel, et bientôt toute la terre sera sous nos pieds.*

Trois jours après, il voulut célébrer la messe à Sainte-Praxède, afin, dit-il à ses gens, d'avoir la consolation d'ouïr chanter, par des vierges, les louanges de sainte Cécile, une des plus célèbres vierges de la sainte Eglise. Il ne manquait jamais, lorsqu'il était de résidence, d'assister le jour de la fête de cette Sainte, à tous les offices de la cathédrale, afin de concourir à l'honneur que les musiciens rendaient à leur patronne. Après l'office fait au couvent de Sainte-Praxède, le saint Prélat vit à la grille du chœur la supérieure de la communauté, il lui adressa quelques paroles d'édification sur les vertus de sainte Cécile. Une des Sœurs que l'on regardait comme une sainte, s'approcha de lui, et lui dit : *Monseigneur, vous êtes un fondateur d'Ordre religieux, il nous faut procurer l'avantage d'avoir un de vos monastères dans cette ville.* — *Ma Mère*, répondit François, *notre Institut est encore petit et faible, mais l'observation fidèle de ses constitutions peut conduire à une grande vertu. Dieu exaucera votre désir, nous aurons dans peu de temps deux de nos petites ruches dans ce pays.* L'événement suivit de près la prédiction.

Notre saint fondateur avait un grand désir d'al-

22 novembre.

23 novembre.

ler faire une course à la Sainte-Baume, afin de visiter la solitude de l'amante du Sauveur ; mais le prince cardinal ne voulut pas lui en accorder la permission, il lui dit que les volontés de la cour étaient si changeantes, qu'il fallait toujours se tenir prêt à partir, puis il ajouta : *Monseigneur de Genève, votre cœur est une Sainte-Baume, où vous êtes toujours solitaire.* François de Sales reçut ce refus avec sa douceur ordinaire, et se contenta d'aller à Tarascon vénérer les reliques de sainte Marthe.

24 novembre. Il employa une partie de la journée du 24 à visiter les églises ou les lieux de dévotion qui sont aux environs d'Avignon ; mais surtout l'église des Célestins, où reposent les reliques du bienheureux cardinal Pierre de Luxembourg. Il prononça à son honneur un magnifique panégyrique, sans autre préparation que l'oraison qu'il avait faite au pied du tombeau de ce Saint. On eut de la peine à le faire sortir de cette église. *Laissez-moi,* disait-il, *laissez-moi un peu auprès de cet illustre maître. Je n'ai jamais rien lu qui m'ait donné autant de confusion sur ma vocation ecclésiastique que la vie de ce jeune cardinal.*

25 novembre. Il partit le 25 pour Lyon, à la suite du prince cardinal, qui allait rejoindre les deux cours de France et de Savoie. Un gentilhomme de la suite l'accosta en route, et lui avoua qu'il était calviniste. Le Saint l'accueillit avec sa douceur ordi-

naire, et, cessant toute autre conversation, il demeura le plus qu'il put avec lui, pour tâcher de le toucher et de l'éclairer. Aussi ce gentilhomme disait à ses compagnons, en versant des larmes d'attendrissement : *Oh ! si tous les évêques étaient comme celui-ci, notre religion réformée ne durerait pas longtemps.*

On arriva le soir un peu tard dans une petite ville, sur la route de Lyon. Tous les logis se trouvèrent occupés, les portes se fermèrent au saint Evêque, comme autrefois celles de Bethléem, à la Mère du Sauveur. Les gens qui l'accompagnaient, voulaient faire connaître sa dignité, il leur imposa silence : *Hé ! mon Dieu !* leur dit-il, *ne savez-vous pas que je suis homme de paix : n'ai-je pas assez causé d'embarras, sans en donner de nouveaux.* Il se retira dans un grenier, se coucha tout vêtu, ne voulant pas qu'on dérangeât deux Pères jésuites, qui étaient dans de bons lits qu'ils lui auraient cédés de bon cœur. Ils s'empressèrent dès le matin de lui faire leurs excuses. *Mais vraiment,* leur répondit le saint Evêque, *je suis redevable à cette circonstance d'une très bonne nuit. Je n'ai jamais dormi de si bon cœur.* 26 novembre.

A son passage à Valence, le peuple se précipita sur ses pas, la foule était si grande, que François eut peine à gagner l'hôtellerie où il avait choisi son logement. Il ne put avoir qu'une chambre à un seul lit, il voulait absolument le céder à M. Roland, 28 novembre.

son aumônier; mais celui-ci n'ayant pas voulu y consentir, *au moins,* lui dit le Saint, *vous le partagerez avec moi*; et ayant fait mettre le matelas à terre, il coucha tout vêtu sur la paillasse, et sans couverture. Le lendemain, il fut encore obligé de se dérober aux empressements de la multitude ; on ne voulait pas le laisser partir, on le suivit à une grande distance de la ville.

<small>29 novembre.</small>

Aussitôt qu'il fut arrivé à Lyon, l'intendant Jacques Ollier s'empressa d'aller au-devant de lui, le priant avec instance de prendre son logement dans l'hôtel de l'Intendance, situé à Bellecour. Les nobles bourgeois lui firent également l'offre de leurs appartements, les révérends Pères jésuites le supplièrent d'accepter leur maison de St-Joseph. Notre saint fondateur les remercia tous, et pour l'amour qu'il portait à la solitude et à la pauvreté, il se logea dans la chétive maison du jardinier de la Visitation. Elle était si petite et si incommode, que c'était plutôt une chaumière qu'un logement convenable; chacun murmurait, et ses amis s'en plaignaient hautement. Le bon Prélat leur disait pour toute raison : *Je suis très bien en cette petite maison, pour recevoir les âmes pécheresses que la Providence m'enverra. La petitesse de mon logement m'exempte du tracas des grandes compagnies. J'ai encore ici l'avantage d'être voisin de mes chères Filles de la Visitation, et par conséquent, plus à la portée de leur être utile.*

<small>30 novembre.</small>

C'était à prêcher et à instruire ces religieuses *10 décembre* qu'il passait la plus grande partie de son temps. Pendant que tout le monde courait sur le passage des rois et des reines, que les fêtes de leur réception occupaient tous les esprits et remplissaient la ville de bruit et d'agitation, il se retirait dans le parloir de ses chères Filles, et les entretenait de Dieu et des biens éternels. Dans l'octave de la Conception, il leur fit une conférence sur les grandeurs et la majesté de la divine Marie, conçue sans péché, et sur l'obligation où elles étaient de l'honorer dans ce mystère (1).

Il sortait du monastère pour se rendre auprès

---

(1) La Providence a voulu que l'immaculée Conception fût toujours honorée d'une manière particulière dans la paroisse d'Ainay, où est mort S. François de Sales. C'est à Ainay qu'on en célébra la fête pour la première fois, l'an 1140. Une chapelle fut élevée à la droite du chœur, pour en rappeler la mémoire. L'architecture gothique de cette chapelle contraste avec l'architecture bizantine de l'église, et fixe la date de ce monument. Aujourd'hui que les pieux et grands souvenirs ont été oubliés, on a mis cette chapelle sous le vocable de S. Michel, sans avoir égard à sa première destination, puis on l'a entièrement abandonnée ; mais Dieu n'a pas permis que le mystère de l'immaculée Conception fût sans honneur dans cette antique basilique. Il a inspiré à une dame pieuse la salutaire pensée de fonder une octave solennelle que le Saint-Siége a enrichie de plusieurs indulgences. Les prédicateurs qui prêchent tous les jours de l'octave dans l'église d'Ainay, trouveront un nouveau sujet d'édification dans le fait rapporté ci-dessus. S. François de Sales a prêché le 10 décembre sur le même mystère dans la même paroisse.

de la princesse de Soissons ; une dame de la cour vint à sa rencontre, en lui disant : *Vraiment, Monseigneur, si vous étiez vêtu de rouge, on vous prendrait pour S. Charles.* L'humble Prélat répondit avec une présence d'esprit qui excita l'admiration : *En vérité, Madame, la pourpre ne nous sert de rien sans la sainteté; il faut ressembler aux saints, non par les habits, mais par les œuvres.*

<small>11 décembre.</small> Avant d'appeler son serviteur à lui, Dieu voulut que notre sainte fondatrice eût la consolation de le voir, et qu'elle reçût de sa bouche les dernières instructions, pour la conduite de ses chères Filles en Jésus-Christ. Elle revenait alors de visiter les monastères de Bourges, de Paris et de Dijon ; elle retournait à celui d'Annecy, dont elle était supérieure. Je ne sais quel pressentiment lui faisait désirer de prolonger ses entretiens avec le saint Evêque, et de recueillir de sa bouche les règles d'une sage direction, comme si elle eût dû en faire provision pour les jours où elle continuerait seule son œuvre, sur la terre. Mais le devoir parlait, et François lui-même hâtait le départ. Il ordonna à notre digne Mère de passer à Saint-Etienne, à Grenoble et à Belley, pour y visiter les établissements encore faibles et naissants de notre saint Ordre. Mme de Blonay était peinée et attendrie de voir partir Mme de Chantal par un froid rigoureux. *Ah ! ma fille,* lui dit prophétiquement François de Sales, *qui aime mieux notre Mère que moi ? Je la*

chéris comme moi-même, mais il faut qu'elle accomplisse la volonté de Dieu, et qu'elle aille préparer le lieu de ma demeure. Mme de Blonay ne comprit pas alors le sens de ces paroles; mais il lui fut ensuite pleinement expliqué, quand à la mort du saint Evêque elle apprit les soins que Mme de Chantal se donnait pour lui préparer un tombeau.

Le 27 décembre, jour où l'Eglise honore la mémoire du disciple bien-aimé, fut celui où la divine Providence envoya à son serviteur la maladie qui devait être pour lui la route de l'éternité. Il célébra la messe pour la dernière fois, distribua la sainte communion à ses Filles bien-aimées ; il donna ensuite l'habit à deux de nos Sœurs, et leur fit une exhortation sur la sainte enfance de Jésus. Au moment où il se retirait, plusieurs religieuses le supplièrent de leur adresser encore quelques paroles d'édification : *Que voulez-vous que je vous dise,* leur répondit-il, *je vous ai déjà tout dit dans ces deux paroles que j'ai plusieurs fois répétées : Ne demandez rien et ne refusez rien. Voyez le petit Jésus dans les bras de sa Mère, il reçoit toutes les injures du temps et du froid, toutes les souffrances qu'il plaît à son Père céleste de lui envoyer. Il ne refuse aucun des soulagements ni aucune des caresses que lui prodigue sa tendre Mère ; il ne demande ni ne refuse pas sa mamelle ; mais il laisse tout aux soins de la Providence. A son exemple, nous ne devons rien demander ni rien*

27 décembre.

refuser. Mais nous devons souffrir tout ce que Dieu nous envoie. Adieu, mes chères Filles, ajouta-t-il en terminant, *je vous emporte toutes dans mon cœur.*

Il entra ensuite à l'infirmerie pour consoler deux de nos Sœurs que la maladie avait empêchées d'aller à la conférence. Il entendit la confession de notre Mère de Blonay, Dieu voulant qu'elle fût sa dernière pénitente, comme elle avait été sa première Fille dans le temps qu'il convertissait le Chablais. On rapporte qu'en la quittant il lui dit : *Adieu, ma Fille, je vous laisse mon esprit et mon cœur.*

Il passa le reste de la matinée à s'entretenir avec les ducs de Bellegarde, de Villeroi et de Nemours sur les intérêts de la religion et sur ceux du prochain ; au reste, tous les détails de cette journée ont été racontés par tant d'auteurs et avec tant de détail, que nous terminerons ici ce récit naïf de quelques faits de la vie de notre saint fondateur. Dans l'après-midi, ses valets voyant qu'il ne reconduisait point les personnes qui venaient le voir, jugèrent qu'il était très souffrant, et le déterminèrent à se mettre au lit : peu de temps après, il fut frappé d'apoplexie. Il conserva jusqu'à la fin l'usage de ses facultés, et édifia tous les spectateurs par ses paroles et sa résignation. Il expira le lendemain, jour des saints Innocents, à 7 heures du soir, lorsqu'on en fut à ces paroles des Litanies des Agonisants : *Omnes sancti Innocentes, orate pro nobis.*

28 décembre.

Le corps de notre saint fondateur resta à Lyon jusqu'au 19 janvier 1623 ; le clergé et les habitants ne pouvaient se décider à se départir d'un si cher trésor ; enfin les députés de l'évêque et du Chapitre de S.-Pierre de Genève levèrent toutes les difficultés, et le corps fut emporté processionnellement. Avant de le remettre au clergé de la Croix-Rousse, on recommença les prières de l'absoute. Le sacristain de Saint-Nizier prononça une oraison funèbre, qui fut suivie des larmes de toute l'assemblée. Cependant le corps saint parfumait l'air d'une odeur suave, comme pour remercier le peuple de Lyon des honneurs qu'il lui avait rendus. Pendant 24 jours qu'il avait été déposé dans l'église de nos Sœurs de Bellecour, il y avait eu chaque matin des processions, des oraisons funèbres et des offices solennels, célébrés par les paroisses et les ordres religieux, qui allaient tour à tour nourrir leur piété, et témoigner leur douleur. Aussi M. Nizier disait souvent que ce n'étaient pas les hommes, mais les anges qui avaient obligé les Lyonnais de céder aux députés d'Annecy le corps de leur évêque, et qu'au moins ils avaient la consolation de conserver le cœur de cet homme, qui était selon le cœur de Dieu.

1623, 19 janvier.

Marie-Magdeleine Guillot, religieuse du couvent de la Visitation de Montbrison, nous a livré, en mourant, le précieux manuscrit d'où nous avons extrait cette histoire. Elle a écrit, à la fin, une note pour rappeler au lecteur que le lieu où est mort S. François de Sales était la petite maison du jardinier des religieuses de Sainte-Marie, rue Sainte-Hélène, à l'angle de la rue St-François. Lorsque cette maison était occupée par M. Cordon, chef du manége impérial, on y avait placé une table de marbre, dont l'inscription conservait le souvenir de cet événement. Pourquoi ce monument n'a-t-il pas été rétabli depuis que la caserne de la gendarmerie a fait disparaître jusqu'au dernier vestige de la maison sanctifiée par la mort de l'illustre et saint Evêque ?

L'ANNÉE

DE

SAINT FRANÇOIS DE SALES,

OU

UN FAIT DE LA VIE DE CE SAINT ÉVÊQUE,

OFFERT AU LECTEUR

POUR CHAQUE JOUR DU MOIS,

Par les Dames de la Visitation.

AVERTISSEMENT.

Les faits cités immédiatement après le quantième du mois sont ceux qui nous ont paru trop peu importants ou trop connus pour être insérés dans la suite de l'ouvrage; pour les autres, nous renvoyons le lecteur à la page où ils sont rapportés.

L'ANNÉE

DE

SAINT FRANÇOIS DE SALES.

JANVIER.

Jour	Page
1ᵉʳ.	79

2. Notre saint fondateur employait les premières et les dernières heures de l'année à faire la revue de son cœur, *afin,* disait-il, *de demander à Dieu pardon du passé et de se disposer à mieux faire à l'avenir.* Il écrivait à ses enfants spirituels, pour les porter à renouveler ainsi leurs résolutions et leur ferveur. Au commencement de l'année 1613, il ordonna que toutes les filles de la Visitation missent au commencement de leurs lettres : VIVE JÉSUS !

3. 80

4. Le quatrième jour de l'année 1608, il fut saisi d'une violente fièvre maligne, dont il fut très promptement guéri ; il attribua cette guérison aux prières de Mgr. de Granier, son évêque.

5. Il donna l'habit à quatre novices, dans le monastère d'Annecy ; notre chère R. Gasparde de la Garde, qui était une de ces quatre religieuses, nous a dit plusieurs fois que pendant toute la cérémonie il avait paru ravi

en Dieu, et que le souvenir de l'expression tout angélique de ses traits suffisait pour ranimer sa ferveur.

6. Notre saint fondateur prêchant à Paris, dans l'église de Saint-Mathurin, prit pour sujet de son discours la majesté de l'Eglise naissante. Il appelait cette fête un jour de vocation, d'offrande, de lumière et d'amour; il voulait que chaque jour de communion fût pour nous un jour d'Epiphanie; *car*, nous disait-il, *vous êtes obligées, après avoir reçu la sainte Eucharistie, de rendre hommage à votre Roi, et de renouveler votre serment de fidélité.*

7. Pendant qu'il offrait le saint sacrifice de la Messe, pour obtenir la conversion des peuples endurcis du Chablais, Dieu lui inspira de faire imprimer une feuille où étaient exposés les principaux articles de la foi catholique, et de la distribuer à ces hérétiques, qui refusaient obstinément de venir l'entendre; ce moyen lui réussit. Ainsi son zèle était ingénieux pour le salut des pécheurs.

8. C'est ce jour, en 1595, qu'un hérétique qui avait promis de porter à Genève et à Berne la tête de François, se mit trois fois en état d'exécuter son dessein; chaque fois son fusil rata, quoiqu'il eût pris toutes ses précautions, et des gens qu'il avait apostés sur la route du Saint ne le virent pas, quoiqu'il passât au milieu d'eux.

9. Il dressa les 25 articles pour l'instruction des confesseurs, et voulut qu'on envoyât à

JANVIER.

son confessionnal tous ceux qui avaient des maladies dégoûtantes et contagieuses, *parce que*, disait-il, *ils ont plus besoin d'instruction et de consolation que les autres, et ils sont cependant plus délaissés.*

10. 73
11. Il écrivit à notre sainte Mère, qu'en faisant oraison, Dieu lui avait fortement inspiré de commencer le *Traité de l'amour de Dieu.* « Notre intérieur n'a plus de résis-
« tance, il faut que la crainte et la paresse
« de l'homme extérieur cèdent à la volonté
« victorieuse de notre Maître; il veut que,
« tout froid et glacé que je suis, j'écrive de
« son saint amour. Comptez ce jour pour
« celui auquel je commence d'y employer
« tous les moments que je pourrai, etc. »
12. Nos sœurs reçurent de lui l'Entretien septième, où il leur donna des lois au nom du Seigneur Jésus, ainsi qu'il le leur avait promis.
13. 102
14. 112
15. 33
16. On apporta à François un libelle diffamatoire contre lui et contre les religieuses de la Visitation ; les expressions étaient injurieuses. Il n'en fit paraître aucun ressentiment, et comme on l'exhortait à se venger de l'auteur qui le persécutait, il se contenta de répondre : *J'ai remis cet homme entre les mains de Dieu, j'invoque tous les jours pour lui la divine miséricorde ; mais je crains beaucoup la divine justice.*

17. « J'ai choisi S. Antoine, dit quelque part
« François de Sales, pour être un des gar-
« diens de mon petit désert intérieur, c'est
« dans ce désert que je demeure solitaire
« en Dieu. Au milieu du monde et des af-
« faires qui m'environnent, pourquoi serais-
« je distrait par les hommes? puisque ce
« saint ermite n'était pas distrait de ses
« oraisons par des légions de démons qui
« savent et peuvent mieux détourner nos
« esprits de Dieu que toutes les créatures;
« nous serons donc sans excuse, si nous
« ne sommes pas saints. S. Antoine s'est
« sanctifié parmi les démons, pourquoi ne
« nous sanctifions-nous pas parmi les
« hommes, parmi les chrétiens, même
« parmi les âmes religieuses? »

18. 114
19. 203
20. Il avait une grande dévotion à S. Sébastien, patron de la chapelle du château de
Sales : *L'écriteau*, disait-il, *que l'on plaça
sur la poitrine de ce martyr et où le nom de
Chrétien attirait les flèches des bourreaux,
doit rappeler aux évêques que la croix qui
brille sur leur poitrine les désigne à l'univers
entier pour les serviteurs de J. C. en butte
aux contradictions du monde.*

21. 34
22. Ce jour on reçut à Annecy, en 1623, le
corps du saint évêque. Le même jour, en
1602, il avait obtenu la première audience
du roi très chrétien, Henri IV.

23. 131

jour		page
24.	. . . .	103
25.	. . . .	86
26.	Le corps du saint évêque de Genève fut exposé dans l'ancienne église de Sainte-Marie à la vénération des habitants d'Annecy.	
27.	La tendresse de S. Chrysostôme pour son peuple est particulièrement louée par François de Sales dans le *Traité de l'amour de Dieu*, liv. III, chap. 8.	
28.	. . . .	149
29.	Par un Bref du souverain pontife Alexandre VII, la fête de notre saint fondateur a été fixée à ce jour.	
30.	Les premiers jours de l'octave de cette grande fête doivent être employés à méditer son enfance dont plusieurs traits admirables ont été cités dans la première partie de cet ouvrage.	
31.	. . . .	93

FÉVRIER.

1er. Considérons ses dévotes occupations dans ses études. Il se prescrivait lui-même des exercices spirituels pour le jour et la nuit, pour la solitude et la conversation, pour régler son extérieur et son intérieur; le tout est imprimé à la fin de ses *Entretiens*.

2. Considérons ce qu'il fit après avoir fini ses études, à un âge que les personnes de sa condition emploient à satisfaire leur ambition; il refusa la charge de sénateur et un parti très considérable. Il fit le pèlerinage de Lorette et celui de Rome avec une piété extraordinaire.

3. Considérons sa fidélité à la grâce et son exactitude à tous ses devoirs. Chaque semaine il faisait une retraite spirituelle dans une des plaies de N. S., à la fin de chaque mois il renouvelait ses vœux et ses résolutions ; et tous les ans, dans une retraite particulière, il faisait la revue de toute sa conduite et la confession des péchés de l'année.

4. Considérons sa vocation à l'état ecclésiastique et sa ferveur à en remplir toutes les obligations. A l'âge de vingt-sept ans, il avait converti plus de soixante et dix mille personnes.

5. Pour le dernier jour de l'octave, considérons comment, promu à l'épiscopat, il devint non-seulement le père d'un grand peuple, mais un apôtre pour l'Eglise entière, un fondateur d'ordre, un médiateur entre les rois, et un écrivain des plus utiles à la religion.

6. A tel jour, en 1606, il sortit de retraite pour prêcher le carême à Chambéry, devant le sénat de Savoie ; comme, sur les instances de l'évêque de Grenoble, il remplissait dans Chambéry toutes les fonctions épiscopales, une personne qui ne laissait passer aucune occasion de censurer sa conduite, lui dit qu'il s'imaginait sans doute d'être évêque de Grenoble ; le saint prélat répondit en souriant : *Ce serait de ma part une fantaisie assez singulière ; mais en tout cas l'évêché de Grenoble est, comme celui d'Annecy, une portion précieuse de l'héritage de Jésus-Christ.*

7. Les paroisses du Chablais, que François

| jour | | page |

avait rappelées dans le sein de l'Eglise, furent pourvues de tous les ornements nécessaires, par les soins du R. P. Sébastien, religieux de l'ordre des Capucins.

8. 140
9. 156
10. Ce jour-là, notre saint fondateur bénit le mariage de Victor-Amédée, prince de Piémont, avec Christine de France.
11. Il dit au peuple, en expliquant l'indulgence du cordon de S. François d'Assise, qu'il fallait nécessairement porter quelques liens, et que tous les hommes étaient enchaînés par les liens de la grâce de J. C., ou par ceux du monde et de la chair. Or, ceux du Seigneur Jésus étant les plus doux, il faut s'affranchir de tous les autres, pour ne s'attacher que par ceux du divin amour. *Vinculum caritatis.*
12. 111
13. 113
14. 115
15. Il établit les prières des quarante heures dans l'église des R. P. Barnabites d'Annecy, pour apaiser la colère de Dieu offensé par les désordres des trois derniers jours du carnaval.
16. Pendant qu'il prêchait le carême à La Roche, il commença la visite des malades, et continua cette pratique le vendredi et le mardi de chaque semaine. L'onction de ses discours donnait à tous ceux qui souffraient la force de supporter chrétiennement leurs infirmités.
17. 108

18. Il donna à Chambéry les ordres à cent ecclésiastiques et les prépara lui-même à l'ordination, la plupart lui firent leur confession générale ; l'illustre président Favre lui dit qu'il devait s'épargner cette peine et les envoyer à d'autres confesseurs ; il répondit en plaisantant : *Il m'a semblé que je faisais bien de laver moi-même ces pauvres brebis, puisque je devais les tondre.*

19. La famille de Raconis convertie par les prédications de S. François, abjura l'hérésie, en l'an 1608.

20. 80

21. Les hérétiques de Thonon voulurent le lapider, mais Dieu le délivra de leurs mains ; et il poursuivit l'ouvrage du Seigneur, malgré les oppositions de l'ennemi.

22. 87

23. Pendant qu'il prêchait le carême dans la petite ville de La Roche, il reçut une lettre du gouverneur de Montargis qui l'invitait de la part d'Henri IV à venir en France, pour y faire le bien sur un théâtre plus étendu. Le roi s'engageait à lui obtenir le chapeau de cardinal, s'il se rendait à ses désirs. François montra cette lettre à son frère Louis de Sales et lui dit : *Admirez les pensées humaines de nos amis : grâce à Dieu, elles ne me tentent point ; je suis où Dieu me veut, puisque sa main m'y a placé. Il est vrai que La Roche n'est pas une grande ville ; mais c'est beaucoup pour moi qui ne suis rien du tout. Si j'étais bon ouvrier, ce serait encore assez, puisque je peux tous les jours attaquer les enne-*

mis de l'Eglise, *étant ici sur les frontières de leur Babylone*. Aussi il remercia le roi et s'attacha pour toujours à sa pauvre épouse, l'Eglise d'Annecy.

24. Il rassembla en une conférence tous les ecclésiastiques voisins de La Roche et commença à enseigner les cas de conscience ; il continua depuis le lundi et le jeudi de chaque semaine, quelques heures après son sermon.

25. 110
26. 109
27. 110
28. 88

MARS.

1ᵉʳ. Jour de la mort de la comtesse de Sionnaz, mère de S. François. On peut en voir le récit dans la 21ᵐᵉ lettre du livre second.

2. 35
3. 93

4. Notre saint fondateur communiqua au P. de La Rivière, religieux minime, qui prêchait le carême à Annecy, le grand désir qu'il avait de travailler à la béatification et à la canonisation d'Amédée, duc de Savoie. *Un moyen puissant pour résister à l'iniquité présente, c'était,* disait-il, *d'exalter après la mort ceux qui ont vécu saintement.* A cette fin, il écrivit des lettres pressantes à Paul V et aux cardinaux de la congrégation des rits.

5. 65

jour	page
6.	123

7. Ce jour, fête de S. Thomas d'Aquin, François de Sales fut élevé à Rome, en 1595, à la dignité de prévôt de l'église de Saint-Pierre de Genève.

8.	125
9.	144
10.	116
11.	150
12.	150
13.	66
14.	66

15. M. de Chizé, neveu et vicaire-général de Mgr de Granier, obtint du souverain Pontife une audience particulière; il présenta la requête par laquelle son oncle, avec le bon plaisir de S. A. R. le duc de Savoie, demandait François de Sales pour coadjuteur.

16. L'Empereur Mathias écrivit au saint évêque de Genève pour lui témoigner son estime et le prier de se rendre à la Diète de Ratisbonne, afin de conférer sur les moyens de contribuer au bonheur de ses peuples et de faire son salut. François s'en excusa par une lettre qui est la 33me du premier livre.

17.	106
18.	154
19.	154
20.	67
21.	68
22.	69
23.	70
24.	72

jour	page
25.	71
26.	71

27. Il acheva d'écrire de sa propre main l'histoire de la Passion de N. S., dans un petit cahier qu'il porta depuis sur son cœur comme un bouclier pour se défendre contre les traits de l'ennemi du salut.

28.	90
29.	101

30. Il fut admis à la filiation de l'ordre des Chartreux, et par là à la participation de leurs prières et des autres biens spirituels. Les lettres lui en furent expédiées par le R. P. général don Bruno d'Afringues, en des termes qui font assez voir combien il estimait lui-même l'alliance spirituelle qu'il contractait avec notre saint prélat.

31.	72

AVRIL.

1er. Fête de S. Hugues. — François de Sales honorait ce serviteur de Dieu d'une manière particulière, parce qu'il avait contribué à peupler les affreuses solitudes de la Chartreuse d'un grand nombre de pieux solitaires ; il ne se lassait pas de repasser dans son esprit cette riche sentence du même saint : *Le mal que je fais est vraiment mal et vraiment mien ; le bien que je fais, n'est ni purement bien ni purement mien.*

2.	159
3.	47
4.	141

jour	page
5. Ce jour, François perdit son père qui était âgé de 79 ans. Il s'était préparé depuis longtemps à la mort par les soins de son fils, qu'il avait choisi pour son confesseur.	
6.	78
7.	78
8. Il entra dans la ville de Genève et eut avec Théodore de Bèze la célèbre conférence relatée en détail par tous les auteurs de sa vie.	
9.	79
10.	48
11.	49
12.	34
13.	106
14. Il prêcha à Fontainebleau, devant Henri IV, qui dit que s'il n'avait pas déjà abjuré l'hérésie, il l'aurait fait après avoir entendu le saint évêque de Genève.	
15.	166
16. Il prêcha la Passion, dans la ville de Dijon, avec tant d'onction et de naïveté, que tous les auditeurs fondirent en larmes. Le président du parlement, qui entretenait une liaison scandaleuse, lui ayant dit que de sa vie il n'avait tant pleuré, François lui répondit : *Ah! Monsieur, les filles de Jérusalem pleuraient bien de même, quand elles voyaient souffrir l'Homme-Dieu; et le Sauveur leur dit de pleurer sur elles-mêmes. Les enfants de l'Eglise ne se contentent pas de cette rosée des larmes qui féconde la bonne terre, ils en arrachent les épines qui empêchent le grain de rendre cent pour un.*	

jour . . . . page
17. 81

18. Ses amis l'avertirent que le pape Léon XI l'avait inscrit sur le catalogue de ceux qu'il voulait élever au cardinalat. *Je prie Dieu*, répondit François, *qu'il éloigne de moi cette dignité, parce que je n'en suis pas digne; si le chapeau de cardinal n'était éloigné de moi que de trois pas, je ne remuerais pas le pied pour l'aller prendre : je désire que ma robe soit teinte, non de la pourpre romaine, mais de mon propre sang versé pour la conversion de Genève.*

19. Ce jour, dans l'année 1592, son âme, pendant l'oraison, fut tellement enflammée du feu du divin amour, que ne pouvant plus cacher les flammes que la charité excitait dans son cœur, il écrivit sur un billet qu'on a trouvé après sa mort ce qu'il éprouvait dans cet heureux instant. Ce billet, expression naïve de ses sentiments, est conçu en ces termes : AMOR MEUS, FUROR MEUS, *il me semble en effet que mon amour pour mon bien-aimé s'est changé en fureur : je dois redire souvent ces petits vers :*

Est-ce l'amour, ou la fureur
Qui me presse, ô divin Sauveur ?
Oui, mon Dieu, ce sont tous les deux,
Car je brûle quand je vous veux.

Le marquis de Lullin, chevalier de l'ordre de l'Annonciade et un des premiers seigneurs de Savoie, offrit ce billet, comme le présent le plus précieux, à l'infante d'Espagne, régente des Pays-Bas. Cette illustre princesse le reçut avec les sentiments d'une

jour		page
	grande vénération et le mit dans le trésor de ses reliques.	
20.	. . . .	178
21.	. . . .	132
22.	. . . .	180
23.	. . . .	181
24.	Il fut ravi en extase, en 1620, au moment où il allait dire la messe.	
25.	. . . .	165
26.	. . . .	166
27.	. . . .	167
28.	. . . .	152
29.	Ce jour, dans l'année 1662, le corps de S. François de Sales fut exhumé avec toute la solennité possible et mis dans une châsse d'argent, donnée par Madame Christine de France, duchesse et régente de Savoie. Le Bref de la béatification fut expédié le même jour.	
30.	Il visita le sépulcre de S. Bernard de Menton, archiprêtre de la cité d'Aoste. *Vous ne devez pas être surpris*, dit-il au peuple, *si j'ai des sentiments si tendres pour ce grand ami de Dieu, qui est vraiment le S. Alexis des Alpes; il est né dans mon diocèse, d'une des plus illustres maisons de mon pays, à une lieue de ma résidence.*	

MAI.

1ᵉʳ. Notre S. fondateur, après beaucoup de travaux, eut la consolation d'ouvrir le premier monastère de la Visitation à Paris. Il avait fait venir de Bourges la mère de Chantal, pour travailler à cette fondation. *Vous serez surprise*, lui dit-il, *de ce que je vous appelle dans cette ville pour y fonder un monastère, sans aucune ressource temporelle; mais ne vous étonnez pas, ce ne sera ni vous ni moi qui ferons cette fondation, nous y travaillerions en vain; ce sera le Sauveur, il y mettra la main et le bénira par sa grâce.* La parole du saint évêque s'est vérifiée, comme on peut le voir dans l'histoire de ce monastère.

2. 90
3. 91
4. 168
5. 137
6. 162
7. Il reçut les lettres de filiation et de participation à l'ordre des Barnabites qu'il avait établis à Annecy, en 1613.
8. Marie de Médicis, reine de France, étant à Lyon, vénéra dans l'église de la Visitation le cœur de notre saint fondateur; elle reçut à genoux trois grains de son rosaire et une pierre de son fiel, elle les fit enchâsser dans sa plus belle bague.
9. Il déclara à son père et à sa famille sa résolution de se consacrer à Dieu dans l'état ecclésiastique.
10. 35
11. Il se prépara par la prière à prendre possession, le lendemain, de la prévôté de l'église de Genève.
12. 36

222 MAI.

jour — page

13. 39
14. 181
15. En 1622, le jour de la Pentecôte, une colombe se posa sur la tête de notre saint fondateur, pendant qu'il officiait pontificalement.
16. 171
17. 129
18. 39
19. On a trouvé les paroles suivantes, écrites sur les tablettes de François de Sales : « Je « dois me souvenir que Dieu m'a fait beau- « coup de miséricorde le 19 mai 1593, par « l'intercession du glorieux S. Célestin, « protecteur de la retraite préparatoire aux « ordres sacrés. »
20. Il envoya le manuscrit de son *Traité de l'amour de Dieu* à Lyon, pour y être examiné, corrigé et approuvé avant qu'il fût imprimé. Voici ce qu'il écrivait à ce sujet à M. Michel Favre, son aumônier. « Mon « ami, vous remettrez nos pauvres cahiers « aux pieds de Mgr. de Marquemont, s'il « est en lieu et loisir de s'appliquer à cette « lecture, sinon vous les remettrez entre « les mains de M. Déville, docteur en sainte « théologie, député pour l'approbation des « livres, et par son avis vous présenterez « ces cahiers à M. Lafarge, vicaire-général « du diocèse de Lyon, et à d'autres docteurs; « car je me reconnais très fautif : de plus, « j'ai peu de loisir pour revoir mes petits « ouvrages. Certainement, je supplie et dé- « sire qu'ils soient vus à loisir et charita-

MAI.

« blement examinés par les doctes servi-
« teurs de Dieu. »

21. Ce jour-là, notre mère de Chantal fit à S. François sa confession générale et en reçut des exercices spirituels écrits de sa main.

22. 172

23. Il fut reçu solennellement dans la ville de Thonon en 1607; les habitants voulaient réparer, par leur empressement, les injures qu'ils lui avaient faites, lorsqu'à son arrivée dans le Chablais ils lui avaient fermé l'entrée de leurs maisons.

24. Il ordonna que dans son diocèse on fît, tous les jeudis de l'année, l'office du Saint-Sacrement, en mémoire de l'institution de la divine Eucharistie.

25. 169
26. 40
27. Les notables et le peuple d'Annecy allèrent au devant de lui, lorsqu'il revenait de vénérer les reliques de S. Charles Borromée, à Milan. Il obtint leur consentement pour l'établissement des Barnabites dans le collége de la ville.

28. Il apprit avec douleur et avec la plus parfaite résignation la mort de monsieur son frère, le baron de Torrens, qui avait épousé Mlle de Chantal.

29. Ce jour il reçut les quatre moindres et le sous-diaconat. (Voyez-en les détails dans sa vie, par Auguse de Sales.)

30. 40
31. Chargé d'annoncer à Mme de Torrens, sa

belle-sœur, la triste nouvelle de la mort de son mari, le saint évêque, pour l'y disposer, la confessa et lui donna la communion, disant qu'à une grande plaie il fallait un grand remède. Mme de Torrens trouva dans les transports de l'amour divin la force de supporter la perte d'un époux chéri.

JUIN.

1er. 73
2. 157
3. 81
4. 98
5. 81
6. . . . . 142 et 152
7. 153
8. François fut accusé, auprès d'Henri IV, d'avoir trempé dans la conspiration du maréchal de Biron; on vint l'en avertir au moment où il montait en chaire. Après avoir prononcé son discours, avec le même calme et la même onction, il alla se présenter au roi: celui-ci, frappé de sa modestie et de sa sérénité, le prévint en lui disant : *Monsieur de Sales, je sais pourquoi vous venez, ne soyez point en peine des mauvais offices qu'on vous a rendus auprès de moi; je suis assuré de votre vertu, et incapable d'avoir mauvaise opinion de votre sincérité.*
9. 96
10. 143
11. 169

JUILLET.

jour   page

12. 118
13. 155
14. 119
15. 132
16. 173
17. 173
18. 173
19. 175
20. 176
21. 177
22. 177
23. 88
24. 41
25. 41
26. 146
27. 107
28. Il passait dans la retraite la veille de la fête de S. Pierre et de S. Paul.
29. 42
30. Il prêcha ce jour-là, en 1614, dans l'église des pères Barnabites, pour la fête de S. Paul leur patron. Il prit pour texte de son discours ces paroles de l'Ecriture : *Les enfants sages font la gloire de leur père;* et puis il leur dit, quel fruit la ville d'Annecy attendait de leurs exemples, de leur doctrine et de leur conversation.

JUILLET.

1ᵉʳ. Les hérétiques l'assaillirent à coups de pierres, lorsqu'il allait sur la montagne de Voiron rétablir l'Oratoire et le culte de jour   page

    Marie. Il courut un si grand danger, qu'il déclara qu'il devait sa conservation à une protection spéciale de la sainte Vierge. *Je n'ai été trouvé digne,* disait-il, *de mourir ni pour le service du Fils, ni pour celui de la Mère.*

2. 149
3. 50
4. 55
5. 120
6. 105
7. 44
8. En 1623, le corps de notre saint fondateur fut déposé dans le tombeau que notre digne mère avait fait préparer au côté droit du maître-autel de notre première église d'Annecy.
9. 135
10. Ce jour, il se rendit à Talloire, pour réformer cette abbaye. (Voyez les détails de cette grande entreprise, dans la vie du Saint, par Auguste de Sales, liv. VII, et par Marsollier, liv. VI.)
11. Il employa toute la journée à donner des règlements aux religieux de Talloire.
12. Le pape Clément VIII signa les bulles qui nommaient François à l'évêché de Genève; il les reçut pendant qu'il était à Paris, pour traiter du rétablissement de la religion dans le pays de Gex. *Je suis,* dit-il, *l'évêque du soin de Dieu et de la soigneuse charité de mes amis; cette pensée me rend le fardeau léger, et m'oblige de plus en plus à rendre à Dieu et au prochain amour pour amour et zèle pour zèle.*

jour	page
13.	182
14.	137

15. Deux religieux de l'abbaye de Talloire vinrent lui avouer qu'ils avaient insulté grièvement le prieur qu'il leur avait donné, et le prièrent de leur obtenir leur pardon de Dieu et du prieur offensé. Celui-ci étant entré au même instant, François lui dit aussitôt : *Père prieur, voici de bons enfants qui m'ont dit tout le mal qu'ils ont fait ; il leur faut faire ici entre nous le bien du pardon, sans avoir recours contre eux au sénat de Chambéry. Il faut tâcher de nous sauver en bien faisant, afin qu'à jamais nous soyons tous amis.*

16. Pendant la mission du Chablais, ses jeunes frères vinrent le visiter ; il en profita pour leur faire réciter publiquement le Catéchisme, afin d'attirer les jeunes gens de Thonon. Ce fut Bernard de Sales, qui répondit d'une manière satisfaisante à toutes les questions du Catéchisme.

17. Les ministres protestants, furieux de ce qu'ils ne pouvaient plus empêcher les habitants du Chablais d'aller aux instructions du zélé missionnaire, l'accusèrent de magie ; un d'eux assura avec serment qu'il l'avait vu dans les assemblées nocturnes des sorciers. Cette calomnie absurde obtint une telle confiance, que la populace voulait assommer et brûler le saint apôtre.

18. Des assassins, apostés sur la route des Allinges, attaquèrent François à son retour de Thonon; Roland, son valet de chambre, se

crut perdu ; le saint leur parla avec tant d'onction, qu'ils se jetèrent à ses genoux, lui firent des excuses et protestèrent qu'à l'avenir ils seraient ses plus zélés serviteurs.

19. A la nouvelle du danger que son fils avait couru, le comte de Sales lui écrivit une lettre très pressante, pour qu'il renonçât à une mission si dangereuse, disant que c'était par le canon et non par les paroles qu'il fallait contraindre de telles gens. François lui répondit :

« Si Roland était votre fils comme il est
« mon valet, il n'aurait pas eu la couardise
« de reculer pour un si petit choc, et n'en fe-
« rait pas le bruit d'une grande bataille ; nul
« ne peut douter de la très mauvaise volonté
« de nos adversaires : mais aussi, on vous
« fait tort quand on doute de notre courage.
« Par la grâce de Dieu, nous savons que ce-
« lui qui persévérera sera sauvé, et qu'on
« ne donnera la couronne qu'à celui qui
« aura légitimement combattu, et que les
« moments de nos combats et tribulations
« opèrent le prix d'une gloire éternelle. Je
« vous prie donc, mon cher père, de ne
« point attribuer ma persévérance à déso-
« béissance, et de me regarder toujours
« comme votre fils respectueux. »

20. Mgr. de Granier s'unit au père du saint missionnaire, pour le conjurer de ne plus exposer sa vie dans une mission trop périlleuse. François assura le prélat qu'il demeurerait intrépide dans l'œuvre de Dieu, malgré la bonté de ses amis et la rage de ses ennemis.

21. Il fit la dédicace de l'église nouvellement bâtie à l'honneur de S. Théodule, dans la petite ville de Fleumet.

22. Il voulait que la fête de Ste. Magdeleine fût célébrée avec beaucoup de solennité et de dévotion dans les couvents de la Visitation ; il disait que notre surnom de Sainte-Marie nous y obligeait, car toutes les Marie étaient des Magdeleine, et les Magdeleine des Marie.

23. Il écrivit à une supérieure de la Visitation, qui s'inquiétait trop du succès matériel de sa communauté : « C'est au maître de la « maison d'avoir cette sollicitude, et à la « dame de nos logis de les meubler : or, « nos maisons sont à Dieu et à la sainte « Vierge, etc. »

24. 115

25. Notre saint fondateur, en faisant sa visite pastorale, arriva dans deux paroisses où la sainte Vierge était honorée sous le nom de N. D. de la Gorge et de N. D. du Cerveau. Une personne qui avait la sotte prétention de faire des jeux de mots, lui dit, en faisant allusion à ces surnoms, qu'il ne manquerait pas sans doute de rendre visite à une dame très babillarde, puisqu'il visitait la dame de la gorge et du cerveau. François quitta sa douceur ordinaire : *Vous offrirez, dit-il, pour expier votre mauvaise plaisanterie, un flambeau de cire blanche, dans chacune de ces deux églises, à l'honneur de la Mère de Dieu, qui est non-seulement N. D. de la gorge et du cerveau, mais encore N. D. du cœur, des yeux et de tout ce que nous sommes, selon l'âme et selon le corps.*

jour		page
26.	On commença ce jour-là à relever les croix dans le Chablais, partout où les hérétiques les avaient abattues.	
27.	Il présenta au duc de Savoie un mémoire pour obtenir qu'on établît entre Genève et Lausanne un collége tenu par les jésuites, afin que ce fût comme une forteresse placée sur la frontière pour repousser les attaques journalières des ministres protestants.	
28.	. . . .	50
29.	. . . .	145
30.	Les prières ferventes de notre Saint obtinrent de Dieu la guérison de Mme Frevenet, une de ses pénitentes.	
31.	. . . .	136

AOUT.

1er.	. . . .	92
2.	. . . .	138
3.	Il gravit avec peine la montagne où est révérée N. D. de Nancy-sur-Cluses, ses pieds étaient tout en sang; en vain ses gens voulaient qu'il interrompît une course aussi pénible. *Il est vrai*, répondit-il, *que je suis très fatigué; mais si c'est pour moi un sujet de confusion de n'être pas assez accoutumé à la fatigue pour le service de Dieu, ce m'est un sujet de joie d'avoir répandu mon sang au service de la Mère de Dieu.*	
4.	. . . .	161
5.	. . . .	140
6.	Il publia avec une entière ferveur le Jubilé	

accordé aux fidèles, à l'avénement de Paul V au souverain pontificat.

7. Il chassa le démon du corps de plusieurs possédés, dans les paroisses de Sioney et de Saint-Hippolyte.

8. En 1608, il passa ce jour dans sa famille, au château de Sales, il y était venu confesser madame sa mère, qui terminait sa retraite annuelle ; un orage éclata avec tant de violence, que tous les habitants du château, effrayés, crurent que leur dernier jour était arrivé et eurent recours à la prière. *Quel plaisir j'ai eu*, leur dit François, lorsque l'orage eut cessé, *de vous voir redoubler le signe de la croix et l'invocation du saint nom de Jésus ; sans cette frayeur, vous n'auriez pas ainsi invoqué le nom de Dieu.* Sa mère lui demanda s'il n'avait jamais peur : *J'ai toujours peur*, répondit-il, *de déplaire à Dieu.*

9. 94

10. Il prêcha et officia dans la paroisse d'Annecy-le-Vieux, le jour de S. Laurent, fête patronale. Sa présence inspira aux habitants de tels sentiments de ferveur, qu'ils consacrèrent toute la journée aux exercices de piété, et n'eurent pas un instant pour la danse et les jeux ordinaires.

11. 92
12. 137
13. Les chefs hérétiques, désolés des conversions nombreuses que François opérait dans le pays de Gex, gagnèrent des misérables pour lui donner du poison ; il fut saisi de **violentes coliques**, suivies de vomissements.

Les médecins reconnurent les traces certaines du poison ; mais le saint missionnaire les pria de n'en rien dire, pour ne pas troubler un pays où la foi était encore naissante ; il eut recours à la prière et fut parfaitement guéri.

14. La veille de l'Assomption, il composa et écrivit la méthode pour dire le chapelet.
15. Il fit, à Saint-Jean-de-Grèves, un sermon sur ces paroles : *Quelle est celle qui monte du désert?*... Le curé de cette paroisse a conservé précieusement le manuscrit original de ce sermon et l'a fait enchâsser dans un reliquaire d'or, afin qu'il soit vénéré dans le lieu même où il a été prononcé.
16. Après avoir passé le jour de l'Assomption à glorifier la Mère de Dieu, il reprit le cours de ses visites pastorales par l'église de Saint-Christophe de Morillon ; il y fit le panégyrique de ce glorieux patron et celui de S. Hyacinthe.
17. Voici le texte et le plan du discours qu'il prononça, ce jour-là, en l'honneur de la sainte Vierge : *Veni, sponsa Christi, veni, coronaberis. Venez, épouse, mère et sœur de Jésus-Christ, venez recevoir la couronne.* Il montra que Marie recevait de la sainte Trinité une triple couronne, puisqu'elle était couronnée 1° par la grâce de son Fils; 2° par ses propres mérites, 3° par la piété de tous ses dévots.
18. 103
19. 104
20. Il fit aux religieux feuillants une exhortation sur les vertus de S. Bernard, princi-

palement sur sa tendre dévotion pour la Mère de Dieu.

21. Jour de la naissance de celui dont nous écrivons la vie. Il naquit le jeudi, 21 août 1567, entre 9 et 10 heures du soir, au château de Sales, dans une chambre dédiée à S. François d'Assise. Le même jour, en 1667, par conséquent cent ans après cette glorieuse naissance, on célébra au monastère de Montferrat en Auvergne la canonisation de ce grand Saint.

22. Il fit la clôture de l'octave de l'Assomption, dans la paroisse de Saint-Sébastien et Saint-Pancrace. Il jugea à propos de donner à son discours la forme d'un catéchisme, afin que les habitants de ces montagnes comprissent bien le culte qu'ils devaient à la Mère de Dieu, et corrigeassent les nombreuses superstitions qui s'étaient glissées dans leur dévotion.

23. 99

24. Ce jour était un des plus heureux pour notre digne mère, Mme de Chantal, parce que ce fut celui où, par une providence spéciale, elle se vit totalement sous la conduite de notre saint fondateur.

25. 94
26. 96

27. En visitant les paroisses de son diocèse, il en trouva successivement trois dédiées à la Mère de Dieu. *C'est*, dit-il, *une grande consolation pour moi de voir tant d'églises de mon diocèse dédiées à la sainte Vierge; toutes les fois que j'entre dans un lieu consacré à*

cette auguste Reine, je sens par un tressaillement de cœur que je suis chez ma Mère ; car je suis bien le fils de celle qui est le refuge des pécheurs.

28. Jour du baptême de notre Saint, il reçut le nom de François-Bonaventure.
29. 104
30. Il disait souvent que ce jour était cher à sa mémoire, parce qu'il avait eu la consolation de sacrer messire Pierre Camus, évêque de Belley. Il était lié à ce prélat par la plus étroite amitié, il lui disait quelquefois : *Vous êtes le seul évêque dont j'ai été le consécrateur ; ainsi vous êtes mon fils unique, mon apprentissage et mon chef-d'œuvre tout à la fois.*
31. Il avait l'intention de passer quelques jours avec Mgr. de Belley qu'il venait de sacrer ; mais un ordre du roi l'appela dans le pays de Gex, pour conférer avec le baron de Luz sur les affaires de la religion ; aussitôt il partit, renonçant à la satisfaction qu'il s'était promise.

SEPTEMBRE.

1ᵉʳ 42
2. 127
3. 167
4. Ce jour, le saint évêque courut un grand danger, en traversant Genève, pour aller joindre le baron de Luz, dans le pays de Gex ; le débordement du Rhône avait rendu

jour		page
	les autres routes impraticables. (Voyez les détails de ce fait admirable, dans Marsollier, liv. VI.)	
5.	. . . .	34
6.	. . . .	51
7.	. . . .	51
8.	. . . .	52
9.	. . . .	53
10.	. . . .	53
11.	. . . .	54
12.	Il se retira au château de Sales, pour s'y préparer à la mission du Chablais, par la solitude, les jeûnes, les veilles et la prière.	
13.	Il fit une confession extraordinaire, pour combattre avec plus de sûreté et d'humilité l'orgueil et l'opiniâtreté des hérétiques.	
14.	. . . .	46
15.	Il versa des larmes en voyant les ravages que l'hérésie avait faits dans le Chablais, dans l'espace de soixante et dix ans. *Voyez*, disait-il à son cousin, *comme la haie de la vigne du Seigneur est ôtée, elle est arrachée et foulée aux pieds ; cette terre est infectée par ses propres habitants. Les voies de Sion pleurent, parce qu'il n'y a personne qui vienne à ses solennités ; espérons en la bonté et en la force du Seigneur, afin que, pauvres serviteurs, nous puissions ramasser les pierres de son sanctuaire qui sont toutes dispersées.*	
16.	Les bons capucins, accoutumés à vivre d'aumône et à compter sur la Providence, s'établirent dans le Chablais, quoique notre saint missionnaire n'eût rien pour assurer	

leur subsistance. *Mes pères, leur disait-il, vous vous mettez dans la voie du grand père de famille pour travailler à la grande moisson. Je suis pauvre comme vous, quoique fils de famille; mais Dieu nous donnera courage et nous bénira; confions-nous en sa bonté toute-puissante.*

17. 82
18. 83
19. Notre saint fondateur bénit la première pierre du premier monastère d'Annecy. (Voyez-en le détail dans l'histoire de la fondation du couvent.)
20. 54
21. 54
22. 56
23. 57
24. 58
25. Il alla faire la visite de l'abbaye de Six, où le relâchement s'était introduit. (Voyez sa vie, par Marsollier, liv. V.)
26. 139
27. 59
28. 59
29. 60
30. 60

OCTOBRE.

1er 60
2. 61
3. 62
4. Le baron d'Avully fit abjuration entre les

mains de François de Sales, en présence de tout le peuple de Thonon.

5. Ce jour, furent expédiées les lettres patentes que François obtint du duc de Savoie, en faveur des nouveaux convertis.

6. 63
7. 83
8. Jour de la dédicace de l'église cathédrale de Saint-Pierre de Genève. François fit, en 1608, un sermon admirable sur la profanation des temples, à cause de la présence réelle du corps sacré de N. S. au saint Sacrement de l'autel, et sur le respect dû à nos corps, qui sont les temples vivants de l'Esprit-Saint.
9. Notre saint fondateur reçut la bulle de Paul V, qui érigeait en ordre religieux la congrégation de la Visitation.
10. 151
11. Il s'occupa à terminer le grand différend qui subsistait depuis longtemps entre les chanoines de l'église cathédrale et ceux de la collégiale. Ce saint orateur de la paix fit plusieurs sacrifices, jeûnes, oraisons et aumônes, bien des démarches, des discours et de nombreux écrits pour concilier ces deux corps, composés de tant d'esprits différents.
12. Voyant les chanoines des deux églises parfaitement d'accord, il leur en témoigna sa joie et les en remercia, comme s'il y eût été le plus intéressé de tous. *Cette concorde de tous nos ecclésiastiques va donner,* disait-il, *un nouvel accroissement à la piété des laïques;*

pour moi, il me semble que j'y trouve une nouvelle santé, et que j'en suis plus puissant et plus robuste pour aller avec ferveur et allégresse à la visite de mon diocèse.

13. 98
14. 117
15. Trois gentilshommes calvinistes, que la clémence et la douceur de notre Saint avaient touchés, ayant appris de la bouche de leur ministre qu'on pouvait se sauver dans l'Eglise romaine, et de celle de François qu'il n'y avait point de salut hors de l'Eglise catholique, vinrent faire abjuration entre les mains de ce dernier. Ils ont toujours été depuis des modèles de vertu, ainsi que toute leur famille.
16. 100
17. 64
18. Dans un village situé sur les bords du Rhône, on présenta à François un homme et une femme privés de l'usage de la raison. On attribuait leur infirmité à un mauvais voisin qui, disait-on, avait jeté sur eux un sort; il blâma sévèrement cette croyance superstitieuse, et fit un crime à ceux qui lui avaient fait ce rapport, d'avoir cru légèrement et répandu une accusation grave contre leur prochain. Il pria ensuite sur les pauvres insensés et les renvoya parfaitement guéris.
19. Comme on lui parlait de cette guérison miraculeuse et qu'on lui demandait si ceux qu'il avait guéris étaient réellement fous, il répondit adroitement : *Je suis de l'avis de*

Salomon, le nombre des fous est infini, et les moins sages traitent souvent les autres de fous.

20.	134
21.	183
22.	184
23.	126
24.	126
25.	65
26.	74
27.	75
28.	75

29. Il prépara son peuple au grand jubilé du nouveau siècle.

30. Il apprit avec beaucoup de douleur que l'électeur de Saxe avait institué une fête solennelle, en mémoire du jour où Luther avait affiché à Wurtemberg sa thèse contre les indulgences. Il fit un discours à cette occasion, où il démontra l'impiété de la réforme et la nécessité où étaient les bons catholiques de redoubler d'ardeur et de fidélité dans le service de Dieu.

31.	129

NOVEMBRE.

1ᵉʳ Le jour de la Toussaint, notre saint fondateur allant à Bâle, par l'ordre du pape, pour terminer les différends de l'archiduc, officia pontificalement à Dôle et y prêcha à vêpres. Il passa le reste du jour au confessionnal; on lui fit observer qu'il se donnait trop de peine et qu'il succomberait à la fatigue du voyage, s'il y joignait des fonctions multipliées. *Hélas!* répondit-il, *toutes ces fonctions s'appellent le métier des ecclésiastiques, et je ne suis qu'un serviteur inutile; chez moi ou chez autrui, je ne fais jamais rien qui vaille.*

2. Il n'oubliait pas de prier et de gagner des indulgences pour les âmes du purgatoire. Il recommandait cette dévotion à ses pénitents, comme très agréable à Dieu et efficace pour l'expiation des péchés.

3. 76

4. L'an 1615, il céda à l'archevêque de Lyon l'honneur d'officier dans l'église des Barnabites, pour la fête de S. Charles, et il dit aux bons religieux, avec sa bonté et sa grâce ordinaires : *Quand vous n'aviez que moi à votre solennité, vous n'aviez que l'ombre de S. Charles; mais ayant monseigneur de Marquemont, vous avez la copie vivante de l'admirable archevêque de Milan votre père et votre protecteur.*

5. Il exorcisa quatre-vingt-deux personnes, dans les églises du grand et du petit Abergement.

6. 185
7. 187
8. 187
9. 188
10. 189
11. 190

12. Le duc de Savoie, en remettant au saint apôtre du Chablais une ordonnance qu'il avait sollicitée pour le maintien de la reli-

NOVEMBRE.

jour		page

gion dans ce pays nouvellement converti, lui dit: *Voilà ce que vous m'avez demandé pour les autres ; mais demandez-moi quelque chose pour vous, et vous verrez quelle est ma bonne volonté à votre égard.* Notre saint missionnaire s'inclina profondément et répondit au prince : *Je supplie très humblement votre altesse royale de m'écouter toujours favorablement, quand je lui présenterai les intérêts de l'Eglise et de nos vrais sujets les bons catholiques.* Toute la cour admira le désintéressement de François.

13. 190
14. 191
15. 121
16. 192
17. 193
18. 194
19. 194
20. Il employa toute cette journée à dresser de sa main d'admirables règlements pour les églises de Gou, où Dieu lui avait fait la grâce de rétablir la foi catholique.
21. 144
22. 195
23. 145
24. 196
25. 196
26. 197
27. 179
28. 197
29. 198
30. 198

DÉCEMBRE.

jour   page

1ᵉʳ. Il écrivit du Chablais à M. Antoine Favre une lettre en latin, dans laquelle il dit : « Dieu « m'a fait entreprendre ici une besogne « digne de la seule vertu de sa droite. Je « commence aujourd'hui à prêcher l'Avent « à quatre ou cinq personnes ; tout le reste « ignore, d'une ignorance coupable, ce que « veut dire *Avent*. Ce temps si auguste dans « l'Eglise est en opprobre et en dérision « parmi les infidèles. La prière, l'aumône « et le jeûne sont les trois parties qui « composent le cordon difficilement rompu « par l'ennemi ; nous allons, avec le secours « de la grâce de Dieu, essayer d'en lier ses « adversaires. » En effet, ce saint apôtre jeûna pendant l'Avent avec tant de rigueur, que son évêque lui en fit un reproche.

2. 160
3. 108
4. 108

5. Louis de Sales étant arrivé en toute hâte pour visiter le saint évêque dangereusement malade, le trouva occupé à converser avec le père Justin, religieux Trinitaire, et à lui demander des lettres de filiation pour se faire enrôler dans sa dévote société ; il lui représenta qu'il devait songer à sa santé et non à toutes ces dévotions, qu'il s'en était déjà chargé au point de ne pouvoir y satisfaire. Le Saint lui répondit : *Ne soyez pas en*

peine de mes engagements aux choses pieuses ; l'amour est mon garant, et vous ne paierez pas pour moi. Au reste, sachez que j'étais captif dans les fers d'une cruelle fièvre qui me tenait en prison dans ce lit, et me voici guéri par la grâce de Dieu et les prières de ce bon père Justin. En effet, le lendemain il fut en état de continuer son voyage.

6. Il avait une dévotion particulière à S. Nicolas, et attribuait à son intercession d'avoir été sauvé du naufrage, une fois sur mer et une fois sur le Rhône.

7. 83
8. 83
9. 165
10. 199
11. 200

12. Il revenait de prêcher à Thonon, la nuit et la neige le surprirent dans une forêt ; il monta sur un arbre pour ne pas être dévoré par les loups, et comme il ne pouvait résister au sommeil, il s'attacha aux branches. Des paysans hérétiques le trouvèrent à demi mort de froid et l'emmenèrent dans leurs cabanes ; puis, vaincus par sa charité, ils se convertirent et devinrent les apôtres de ces tristes contrées.

13. Une assez grave indisposition lui faisait garder la chambre, lorsqu'on vint l'appeler pour confesser l'abbé de Sain, qui était sur le point de mourir. Aussitôt François se prépara à monter à cheval ; ses amis lui firent observer que, faible comme il était, il commettait une imprudence de monter à cheval.

Vous avez raison, leur répondit-il, *j'ai tort; si j'étais un pasteur bien fervent, je courrais à pied pour secourir ma brebis dans le danger où elle est. Cependant je bénis Dieu dont la bonté veut bien que je monte à cheval, parce qu'il a pitié de ma faiblesse.* C'est ainsi qu'il surmonta la résistance de ses amis et courut faire l'office du bon pasteur.

14. 84
15. 84
16. Ce jour, en 1609, François parut pour la troisième fois en chaire, avec les marques de la dignité épiscopale, la crosse à la main et la mitre en tête. Sa présence et ses paroles firent une si vive impression, que chacun disait en sortant de l'église que c'était un ange qui avait parlé et non un homme, qu'il était impossible de trouver dans un prélat une réunion de tant de belles qualités, surtout une piété tellement céleste qu'on le prenait pour un habitant du ciel apparaissant sur la terre, comme le Sauveur après sa résurrection.
17. 140
18. 43
19. 43
20. 130
21. Il dit sa première messe le jour de S. Thomas, en présence de son évêque et de tous ses parents; ceux-ci communièrent de sa main. Depuis lors, il eut une dévotion particulière à S. Thomas, et sept jours avant sa mort il prononça son éloge chez nos sœurs de Bellecour.

jour	page
22.	43

23. Il prêcha, l'an 1618, aux capucins de Paris, devant la reine Marie de Médicis. Cette princesse communia de sa main.

24. Il écrivit à notre digne mère : « J'ai prê-
« ché devant la reine et tout son beau
« monde ; mais en vérité je n'ai pas prêché
« avec plus de soin, plus d'attention et
« plus d'affection qu'en ma pauvre Visita-
« tion. Ah! ma fille, que la vive présence
« du Roi et de la Reine du ciel fait bien éclip-
« ser devant nos yeux toutes les grandeurs
« de la terre! »

25. En 1622, il veilla la nuit de Noël, dit ses trois messes et fit une exhortation à nos sœurs de Bellecour sur la tendre dévotion que nous devons avoir pour Jésus enfant. Il était cependant bien souffrant d'un violent mal de tête, qu'il avait pris en bénissant la première pierre du couvent des Recollets, que Marie de Médicis fondait à la Croix-Rousse. Cette cérémonie avait duré plus de trois heures, pendant lesquelles il était resté la tête nue et exposé à un froid violent. Aussi les médecins regardèrent cette circonstance comme une des causes de l'apoplexie dont il fut frappé trois jours après.

26.	46
27.	201
28.	202

29. 30. 31. Le corps de notre fondateur fut embaumé, revêtu de ses habits pontificaux et exposé sur un lit de parade. Le peuple

vint en foule baiser ses vêtements, y faire toucher des médailles, des linges et des chapelets, et les peuples devançant le jugement de l'Eglise, invoquèrent François de Sales comme un saint.

FIN.

TABLE.

Préface de l'auteur, *page* v
Avis au lecteur sur la première partie, 1

PREMIÈRE PARTIE.

Récit de quelques faits de la vie de S. François de Sales, par la sœur Greffier, 3
Avis au lecteur sur la deuxième partie, 33

DEUXIÈME PARTIE.

Chapitre I. Jeunesse de S. François de Sales. Premières années de son ministère, ibid.
Chap. II. Mission du Chablais, 46
Chap. III. S. François de Sales coadjuteur de l'évêque de Genève, 65
Chap. IV. Premières années de la vie épiscopale de S. François de Sales, 86
Chap. V. Heureux effets des prédications de ce saint Evêque, 102
Chap. VI. Quelques faits de la vie de S. François de Sales pendant son épiscopat. — Sa conduite dans les calomnies, 116
Chap. VII. Douceur de S. François de Sales, sa modestie, sa bonté, ses heureuses reparties, 127
Chap. VIII. Faits relatifs à l'ordre de la Visitation. — Fragments de quelques lettres de S. François de Sales à madame de Chantal, 142

Chap. IX. Dévotion de S. François de Sales à plusieurs saints et saintes. — Etablissement des Barnabites, 153

Chap. X. Saint François de Sales préside au chapitre général des Feuillants. — Miracles qu'il a opérés pendant sa vie, 171

Chap. XI. Dernière année de la vie de saint François de Sales, 180

TROISIÈME PARTIE.

L'Année de saint François de Sales, ou un Fait de la vie de ce saint Evêque offert au lecteur pour chaque jour du mois, 205

FIN DE LA TABLE.

www.ingramcontent.com/pod-product-compliance
Lightning Source LLC
Chambersburg PA
CBHW060129190426
43200CB00038B/1894